W0326504

Tagueurs d'espérance

Du même auteur
aux Éditions J'ai lu

Plus fort que la haine, *J'ai lu* 5502

Tim Guénard

Tagueurs d'espérance

Préface de Boris Cyrulnik

J'AI LU

© Presses de la Renaissance, 2002

Pour tous ceux qui ont des cœurs chiffonnés,
des mémoires cabossées,
qu'ils puissent aller au goutte-à-goutte de
[l'espérance
pour ne pas subir le destin mais pour rebondir et
innover.

Merci à Églantine, Lionel, Katéri, Timothée,
Mes enfants sans prix qui m'aident à me parfaire,
chacun à sa façon et avec son cœur,
ainsi que ma bien-aimée.

Merci aussi à ma mère de m'avoir donné la vie,
sans laquelle je ne pourrais vivre toutes ces amours.

Préface

Cher Tim,

La première fois que je t'ai vu, je ne sais pas pourquoi, je suis resté longtemps ensuite imprégné par ta présence. Il n'y a pas que la force des événements dans tes pages, il y a aussi ton regard sur ce qui t'est arrivé et ta manière de penser ton passé pour nous le dire. Si tu n'avais pas cherché à le comprendre pour nous le faire comprendre, ton histoire n'aurait été qu'une succession d'événements terribles, débouchant aujourd'hui sur une manière de vivre plus humaine. En fait, ce qui fait la force de ton écriture, c'est cette constante flammèche d'espoir, ce tremblotant désir d'aimer qui n'attend qu'une rencontre pour prendre flamme et devenir un vrai feu affectif.

Ces rencontres, tu as su les faire, et aujourd'hui, alors que ta vie est transformée, tu veux nous livrer ton témoignage et ta réflexion sur ce mystère : comment se fait-il que ce gosse des rues, abandonné, battu et bagarreur soit devenu un adulte tellement soucieux de donner et d'aimer ?

La première fois que je t'ai vu, je suis resté ensuite fortement imprégné par ce mélange de puissance et de douceur que ton corps et tes paroles exprimaient. Ta manière de parler captivait l'auditoire, immobile, fasciné par tes silences, tes gestes et ce que tu nous racontais. Même les mouches ne volaient plus, certainement pour mieux t'en-

tendre. Après l'exposé, nous étions groggy, étourdis, sonnés par les mots que tu avais cognés dans notre âme.

Tes souffrances nous parlent, mais ce qui nous donne espoir, c'est ta victoire sur les souffrances. Dans ces quelques « tags », tu nous expliques comment tu es devenu celui qui donne de l'amour après avoir reçu des coups. Nous ne sommes ni des machines ni des vases communicants, nous cherchons à devenir des êtres humains et rien ne nous oblige à nous soumettre au passé. Ce n'est pas parce que nous avons été maltraités, violés ou déportés que nous devons à notre tour maltraiter, violer ou déporter. Au contraire, même, cette répétition nous torture et nous oblige à l'affronter. Mais nous devons travailler à cette petite liberté, il nous faut la gagner. C'est un combat de toute une vie, c'est une contrainte à chercher le beau, le bon, l'amour.

Ne te laisse pas étiqueter, Tim. Ne te laisse pas taguer. Tu as travaillé à te transformer, tu as su rencontrer une « mère la juge », un clochard qui lit Le Monde, *un dieu sage qui te transcende sans te contaminer avec la « maladie mystique ». Tu es devenu beaucoup plus qu'un ancien enfant maltraité. Désormais, c'est toi qui donnes des idées, des témoignages, de l'affection. C'est beaucoup plus que le récit de souffrances passées et c'est ce dépassement qui te permet de ne plus être prisonnier de ta mémoire. Il ne s'agit pas de ressasser les blessures passées, il s'agit d'en faire quelque chose, une compréhension, un exemple ou même une œuvre d'art.*

Attention, Tim, faire le récit de son passé, ce n'est pas faire revenir le passé comme je t'ai vu le faire. C'est au contraire aller chercher des souvenirs marquants pour en faire un récit qui maîtrise l'émotion. Ne te laisse pas dominer par la fièvre des blessures enfouies encore vivantes en toi. C'est toi le plus fort, Tim, et plus tu donnes, mieux tu maîtrises. Mais donner n'est pas suffisant, il faut encore bien donner. Ne pas se laisser dépersonnaliser en donnant trop, au point de ne plus se préserver, au point de s'épuiser jusqu'à ce que la colère nous fasse réagir pour nous protéger, désespérément. On a le droit d'aller à la plage de temps en temps, mais quand on est en plein combat, on n'y pense pas assez. Par bonheur, il y a autour de toi des gens qui t'aiment et t'invitent. Et puis tu as une manière de donner qui n'humilie pas celui qui reçoit. Ça, tu sais le faire ! Quand tu donnes à l'autre l'occasion de donner, tu le respectes et le répares, comme au milieu de ta détresse quand tu étais enfant, deux ou trois personnes ont su réveiller la confiance et les flammèches d'amour qui tremblotaient au fond de toi.

Un coup fait mal, bien sûr, mais c'est la représentation du coup qui fait le traumatisme, l'idée qu'on s'en fait. Or, une représentation, ça se travaille avec les rencontres, les mots, les images et les réflexions. Ton travail à toi, c'est l'amour. Dieu et le pardon sont de la même famille et, pourtant, ils ne tombent pas du ciel.

« On est fait pour devenir », as-tu écrit. Moi, je pense qu'on y est contraint quand on a été gravement blessé. Il est certain que ton « devenir » à toi est proche du miracle, à moins que ce ne soit ton talent que tu as su travailler : « J'ai décidé que j'allais réaliser mes rêves. » Si tu avais rêvé pour te couper du réel fou qui t'entourait, tu serais peut-être devenu mythomane ou délirant. Mais en décidant de réaliser tes rêves, tu t'es servi de tes fictions pour modifier le réel. C'est comme ça que tu as découvert que ton père n'était pas le Diable. C'était certainement un homme malheureux qui n'avait pas su faire le travail que toi tu sais faire. Peut-être n'avait-il pas le talent des rencontres qui donnent sens et des réflexions qui relativisent ? Son entourage n'a peut-être pas pu lui apprendre à maîtriser les émotions qui le submergeaient ? Mais toi, tu as cherché et tu as su découvrir que ton père « lavait tes couches, à la main ». Il y avait donc, en lui aussi, une flammèche de tendresse qu'il n'a pas pu transformer en affection.

Parmi les grands cadeaux de ta vie ou de Dieu – c'est selon –, il y a Martine. Tu as failli la rater, tellement ton intense besoin d'aimer frôle l'angoisse. C'est curieux comme tous les blessés de l'âme racontent la même chose. On attache trop d'importance à l'amour. On ne sait pas aimer en souriant. Alors on risque de fuir, justement parce qu'on aime ! On pense que ce n'est pas possible qu'elle nous aime, cette merveille, amoureuse de nous. C'est terrifiant, elle va découvrir qui nous sommes avec nos blessures et nos faiblesses. Alors, on la met à l'épreuve pour se donner la preuve que son amour n'est pas simulé, c'est si incroyable. Par bonheur, Martine aussi a du talent et même sa famille a su te tendre la main.

Les enfants sans famille ont tendance à épouser leur belle-famille, ça fait un apprentissage de plus, ces rituels qu'on ignore, ces gestes de la table qu'il faut plusieurs générations de bonne éducation pour assimiler, et surtout cet art de la conversation qui lui aussi est un travail.

Finalement, surmonter sa vie, c'est un combat constant. On peut en faire une victoire, une production pleine d'humanité, mais ce n'est jamais joué, ça reste toujours à jouer. Alors, il faut sans cesse dans sa vie faire des tags d'espérance, comme tu nous l'enseignes, avec tes mots et ton cœur.

Dr Boris CYRULNIK

Avant-propos

J'avais longtemps hésité à entreprendre le récit de mon enfance bousillée. Et peu après que je m'y fus mis, il y a huit ans, je dus renoncer. L'émotion manquait de me submerger. Dès que j'écrivais, des souvenirs enfouis, oubliés refaisaient surface. Les odeurs de mon enfance remontaient à mes narines : les émanations fétides de la moisissure de la cave où mon père m'enfermait quand il partait à la campagne pour le week-end, l'âcre relent de pisse et de merde de la niche de Simla où j'allais me réfugier, tout nu, pour me réchauffer d'un bain pris dans l'eau glacée et sale d'une bassine posée dans la cour.

Lorsque je repris la plume, quelques années plus tard, c'était pour répondre à la demande de beaucoup, et particulièrement de Jeanne, une grande malade. J'étais allée témoigner dans une école, et quelqu'un lui avait offert l'enregistrement de mon témoignage. Un jour, j'ai reçu une cassette de Jeanne en guise de lettre (elle ne pouvait pas écrire) : « Tim, nous sommes frères », me disait-elle, et elle me racontait son enfance terrible, sa vie dans la misère. « Quand je n'arrive pas à dormir la nuit, j'écoute ta cassette et ça me fait du bien. »

Tous les ans, Jeanne venait à Lourdes. Je l'ai rencontrée et elle est devenue très importante pour moi. Les années suivantes, elle ne cessait de demander à Martine, ma femme : « Alors, est-ce qu'il a écrit ? Dis-lui que je prie pour ça. »

Quand mon autobiographie *Plus fort que la haine* est sortie en mars 1999, la première personne à qui j'ai voulu l'envoyer, c'était Jeanne. Martine, en recherchant son adresse, a appris qu'elle était partie vers le Père éternel juste avant Noël. J'en ai pleuré.

Jeanne m'avait porté en silence, en cachette, en souffrance pendant plusieurs années. Je pense que c'est surtout grâce à elle que tant de cœurs qui ont mal sont rejoints par mon histoire. Une vague imprévisible de lettres, de confessions, d'appels a déferlé sur moi. Le livre est pour beaucoup comme le miroir de leur vie, de leurs souffrances, de leurs espérances.

Du coup, mon rythme de vie en a été quelque peu chamboulé. Dans ma ferme des Pyrénées, avec Martine et nos quatre enfants, je continue, certes, de partager mon temps entre l'apiculture et l'accueil de personnes en mal de vivre. Mais, quelques jours par mois, je m'installe dans mon van et je pars témoigner là où l'on m'appelle. Je vais dans les quartiers, les écoles, les églises ou encore les prisons. J'y raconte ma vie chaotique et comment je m'en suis sorti. À la fin des conférences, les questions fusent.

Beaucoup m'ont demandé d'écrire un nouveau livre à partir des réflexions que je leur partage au cours des témoignages, sur la vie, l'amour, le pardon. Ce nouveau livre, le voici. Je l'ai conçu comme un livre de tricotage sur l'existence. J'ai tricoté quelques réflexions et anecdotes que le lecteur pourra illustrer avec des événements de sa propre vie. Je ne parle pas en spécialiste. Je ne suis ni médecin ni neuropsychiatre. Tant mieux si certains trouvent que ce que je dis est évident ; je m'adresse à ceux qui n'ont jamais entendu l'évidence. Mon but est vraiment de révéler la personne blessée, étant moi-même des deux côtés de la barrière : d'un côté l'enfant battu que je fus, et de l'autre l'éducateur et le père de famille que je suis devenu.

Je suis bien conscient que mon langage oscille entre celui de l'enfant et celui de l'adulte : l'enfant avec sa pureté, l'adulte avec sa blessure. On ne s'étonnera pas que je parle donc avec mon cœur et mes tripes plutôt qu'avec ma tête, piochant tantôt dans ma propre expérience tantôt dans celle des personnes que je côtoie.

Petite anecdote en guise de prologue

« Où allez-vous ?
— Dans le désert, à Engaddi.
— Pourquoi ?
— Pour écrire.
— À cet endroit-là ? !
— Oui, pour m'isoler, pour ne pas être dérangé.
— … »

Avec mon nez écrasé de boxeur, mon oreille en chou-fleur et mes cicatrices en diagonale sur les avant-bras, je devais passer pour un terroriste. J'étais à la douane de Tel-Aviv et les douaniers israéliens ne rigolaient pas. Ils m'interrogeaient, me fouillaient, vidaient ma valise, et même déshabillaient mon mini-ordinateur mémo calculette et mon appareil photo…

Après un bon moment d'attente – vérification auprès d'Interpol ? –, un douanier me rendit mes papiers.

« Excusez-nous, monsieur. Nous avons été obligés de vous fouiller pour des raisons de sécurité. Bon séjour en Israël. »

Je pris les papiers qu'il me tendait.

« Je comprends. Merci. Au revoir. »

Enfin libre de mes mouvements, j'ai pris le bus pour Jérusalem. De là, un second bus m'a emmené à Engaddi, près de la mer Morte. Enfin le calme… Le lendemain matin, j'ai eu droit à une visite inattendue : un paon sauvage s'est approché de moi et m'a réveillé. Nous avons fait connaissance. Il a pris les quelques fruits secs que je lui offrais, puis s'en est allé dignement comme il était venu. J'ai divisé mes fruits secs en deux parts et, chaque jour, il est revenu quémander sa ration. Hormis ce paon, j'étais seul avec moi-même et avec mon Dieu, loin de tout. Cependant, je portais en moi toutes les personnes qui avaient insisté pour que j'écrive ce livre. C'est le souvenir de leurs visages, de leurs souffrances qui a soutenu ma plume au fil des jours. Je me trouvais si bien, je suis devenu si amoureux de l'endroit, que j'ai décidé d'y prolonger mon séjour.

Après deux semaines de silence et de paix, je pris le chemin du retour. À l'aéroport, je m'attendais à une inspection tatillonne de la part des douaniers, mais pas à ce qui m'advint. À la simple vue de mes papiers, ils m'ont traîné dans une pièce à part. Après un quart d'heure d'attente, trois policiers et une femme sont entrés. Ils se sont lancés dans un interrogatoire serré, la femme servant d'interprète. En ancien habitué des postes de police, j'ai retrouvé mes habitudes d'antan et je n'ai pu m'empêcher de les charrier un peu.

« Pourquoi êtes-vous resté plus longtemps que prévu à Engaddi ?

— Pour écrire. Je me sentais bien.

— Avez-vous eu des contacts avec quelqu'un ?

— Non, pas du tout... Ah si ! j'oubliais... avec un paon sauvage.

— Avez-vous donné ou reçu quelque chose ?

— Non... si. Des fruits secs au paon. »

Ils n'ont pas du tout apprécié mon ton pince-sans-rire ! Ils se sont énervés et l'un des policiers a voulu voir ce que j'avais écrit. Il m'a arraché mon cahier des mains. Au lieu de m'énerver à mon tour, j'ai fait appel intérieurement à mon ami le Très-Haut : « J'aimerais qu'il l'ouvre au chapitre sur la violence... » La traductrice a ouvert le cahier... pile à l'une des pages du chapitre. Elle s'est mise à traduire un passage aux autres. Je voyais les traits de leurs visages se détendre. Alors que la traductrice levait les yeux pour s'arrêter, ils lui ont demandé de continuer. Du coup, elle a traduit tout le chapitre. En me rendant le cahier, elle m'a remercié.

« C'est bien, monsieur, continuez. Cela fait du bien à notre époque. »

Les autres ont ajouté :

« Quand votre livre sera-t-il traduit en hébreu ? »

Deux heures plus tôt, j'étais un suspect dangereux ; maintenant, j'étais leur ami. On est sortis de la pièce, ils tenaient à m'accompagner jusqu'à l'embarquement. Au moment de se quitter, on s'est embrassés.

Malade d'amour

Père donné et pardonné

« Je ne veux pas et je ne peux pas pardonner. C'est bien au-dessus de mes forces... Et puis je n'en ai même pas envie. Vraiment, Tim, je ne comprends pas comment vous avez pu pardonner à votre père qui vous a tant battu. » J'entends souvent ces paroles désabusées, empreintes d'amertume : « Pourquoi Tim peut-il pardonner et pas moi ? »

Moi non plus, au début, je ne pouvais pas pardonner. Car le pardon n'est pas magique. Il faut constamment le renouveler. C'est dur. Suite aux coups de mon père, j'ai de très gros maux de tête qui surviennent à l'improviste, n'importe où le jour comme dans mon lit la nuit. Rien ne me soulage. L'étau est tel que j'ai parfois la tentation de me tirer une balle dans la tête.

Les jours où je n'ai pas mal, il m'est facile de pardonner. Mais quand la douleur revient, elle me plonge dans mon enfance comme dans une marmite d'huile bouillante. Renouveler mon pardon relève alors du tour de force. Si j'y parviens, c'est grâce à l'amour de ma femme et de mes enfants. À ce moment-là, j'offre ma souffrance. Il m'est alors donné de pouvoir renouveler mon pardon. Mais même entouré de l'amour des miens, j'ai du mal à le faire. C'est un combat. Ce n'est pas automatique. Ce n'est pas un acquis.

Chercher à pardonner amène à se frotter à soi-même. Parfois, on pardonne avec sa volonté et voilà que la mémoire revient nous chatouiller la tête ! On est comme prisonnier de la mémoire. Impossible d'oublier. Un rien nous renvoie à notre passé, une douleur, une intonation de voix, une circonstance, que sais-je encore ? Il suffit de ne pas être bien, d'être fatigué, pour que la tentation d'accuser intérieurement les auteurs de nos souffrances vienne nous habiter. Lorsque les proches sont concernés par ces retours en arrière, on comprend qu'ils récriminent, surpris : « Tu m'avais dit que tu m'avais pardonné, et voilà que tu remets ça aujourd'hui ! » Pardonner, ce n'est pas effacer ou oublier le passé, c'est savoir vivre avec : vivre avec ses souvenirs, ses cauchemars. Savoir vivre avec eux permet de ne pas faire subir à son entourage ce dont on a soi-même souffert, permet d'innover en trouvant des solutions mieux adaptées que la violence ou la fuite pour gérer les situations de stress.

Pardonner, c'est un peu comme l'arrosage d'une plante. L'arroser une fois ne suffit pas. Il faut le faire indéfiniment et y prêter attention pour qu'elle continue de s'épanouir. En renouvelant le pardon envers celui qui nous a blessé, on lui permet de continuer à fleurir.

Ne pas vouloir ou ne pas pouvoir pardonner, c'est rester attaché à son passé, c'est s'empêcher de devenir un globe-trotter du demain, du devenir.

Pardonner, c'est donner un coup de pied à la peur et au manque de confiance, c'est devenir libre de s'étonner soi-même, c'est pouvoir s'engager sur des chemins qui nous faisaient peur.

Un jour, je suis retourné voir mon père qui m'avait tant battu lorsque j'étais gosse. Je lui ai dit : « Papa, on se pardonne, on recommence la vie à zéro. » Mais ça n'a pas marché. Savez-vous pourquoi ? Parce que dire à l'autre « je te pardonne » ne suffit pas. Si j'attends que mon pardon soit accepté, j'agis en égoïste. Si je considère son acceptation comme un dû, je m'offre une bonne conscience à peu de frais. Or le vrai pardon se propose, il ne s'impose pas. Le pardon proposé peut être refusé. On peut se heurter au refus de l'autre, à sa liberté de dire non. Il se peut aussi qu'on propose un vrai pardon, mais qu'on s'y prenne mal, que le moment soit mal choisi, que l'émotion inhibe. Dans le cas de mon père, mon pardon fut refusé parce que je m'y étais pris comme un goujat. J'avais débarqué sans prévenir dans sa vie. Du coup, il a reçu mon pardon comme une gifle. En lui disant que je lui pardonnais le mal qu'il m'avait fait, je l'avais renvoyé à son passé.

Le jour où j'ai pu écrire à mon père : « Je suis heureux avec ma femme Martine, avec mes enfants. Et puis j'ai une grande maison qui n'est pas que pour moi. Nous y accueillons des personnes qui veulent se sortir de la drogue, de la violence, de la déprime... », le jour où je l'ai rendu complice de ce que je vivais, mon père a compris que les instants heureux du présent étaient plus forts que les mauvais moments du passé. Alors, mon père a pu *se* pardonner. Alors il a accepté mon pardon. Mais il est mort au moment où nous aurions pu nous revoir.

Abonné à mes habitudes

Pardonner à mon père, ce fut un gros morceau. Mais il me faut aussi pardonner et demander pardon à ma femme, à mes enfants dans la vie de tous les jours. C'est difficile aussi ! J'ai la chance que dans mes moments de laisser-aller, volontaires ou non, ma femme, mes enfants et aussi mes amis ne m'abandonnent pas.

Au cours de nos vingt-deux années de vie commune, ma femme Martine ne m'a jamais enfoncé la tête dans l'eau lors de mes petits et grands dérapages. Cela ne veut pas dire que nous n'en parlons pas. C'est un cadeau immense que nous nous parlions avec le cœur, que les moments de dérapage soient exprimés à voix haute. Ainsi, lorsque Martine et mes enfants me disent mes erreurs, ils me permettent de les étonner par la suite. Je leur offre un bouquet de ma façon, pas celui du fleuriste mais celui de mes efforts réussis.

Il n'y a pas de petits ou de grands pardons. Les petites blessures peuvent être aussi dévastatrices que les grandes. Si on n'y prête guère attention, elles s'accumulent au point de se transformer en montagne. Pour faire de la peine sans le vouloir, il faut être deux. Il faut aussi être deux pour y voir clair. Pour pardonner et être pardonné, il faut être deux : celui qui demande et celui qui reçoit.

Comme pour des lunettes, il faut nettoyer les deux verres. Ceux qui en portent les nettoient et les rangent avec soin le soir pour les retrouver au petit matin. Parler nettoie. En échangeant le soir, on dort mieux. Au réveil, il n'y a pas trop de buée ou de griffures qui empêcheraient de voir convenablement pendant la journée.

Ce n'est pas involontairement que l'on s'alourdit d'erreurs. Si on ne dit pas « stop », on a toutes les chances de continuer à se blesser mutuellement.

Parfois, lorsqu'on vient d'être blessé, le moindre son de voix ravive la plaie, fait peur. On fait le hérisson, même si l'autre ne s'approche que pour demander pardon. Conséquence : on pique ! et la communication tombe à l'eau. Si vous avez blessé quelqu'un et que vous ne pouvez vous approcher de lui, s'il fait la sourde oreille, écrivez un petit mot. Il pourra le relire et se calmer. C'est là qu'un petit morceau de papier peut devenir grand et permettre à l'autre d'offrir ses peurs. Bien des fois, nous avons eu recours à ce moyen avec Martine et nos enfants.

Quand nous avons décidé avec Martine de construire notre vie ensemble, jamais je n'aurais imaginé que je resterais aussi longtemps abonné à mes mauvaises habitudes ! Continuer à faire des erreurs n'est pas grave, ce peut être la porte ouverte sur le pardon et les progrès. Mais penser s'en sortir tout seul, c'est se fourrer le doigt dans l'œil. Combien de fois il m'est arrivé, après m'être laissé emporter, de ne plus savoir m'arrêter, de m'enfoncer, par panique. Il valait mieux que mon entourage laisse la vapeur retomber. Mais si je les voyais tous disparaître, je ne supportais pas ce que j'appelais « la fuite » des autres, sans doute parce que la peur inconsciente de l'abandon revenait, la culpabilité aussi.

Peu à peu, grâce à la présence patiente de ma famille et de mes amis, mes conneries ont duré moins longtemps et ont commencé à se raréfier.

Parfois, c'était une intonation de voix de Martine qui déclenchait ma colère. Mémoire blessée ? Passé ravivé ?

Parce qu'on s'est parlé, Martine a pu faire attention et éviter certains mots. Parce qu'on s'est expliqué, les enfants ont pu me pardonner. Grâce à leurs encouragements, j'ai eu l'envie et la force de me battre contre mes mauvaises habitudes.

Quand je suis con, si tu restes près de moi, si on peut se parler ensuite, se pardonner, si tu crois que je veux changer, alors je vais t'étonner par mes bouquets de progrès.

La bande du Très-Haut

Je ne suis pas toujours au top. Les jours de fatigue intérieure ou physique, je deviens susceptible et je m'enlise pour un rien. Avec du recul, grâce à Martine, je me suis souvent rendu compte que mon passé n'est pas étranger à ces moments-là. Comme un chien cache ses os dans le sol, j'ai caché mes blessures en moi pour les oublier. Mais je ne les ai pas suffisamment enfouies.

Quand Martine me demande pourquoi, parfois, je réagis bizarrement, sur le moment je ne peux répondre car je ne sais pas. Lorsque le calme revient, je me remémore une des blessures enfouies. Le fait de le dire à voix haute met du baume sur la plaie et me permet de mieux faire la fois suivante.

Pour moi, la volonté ne suffit pas. J'ai la chance d'aimer le Très-Haut et toute sa bande, là-haut. Je ne suis pas un surhomme et je leur demande un coup de main pour ne jamais me donner l'excuse d'être fatigué ou pas en forme. Quand je ne connaissais pas Dieu, je me parlais tout seul, et sans que je le sache Il m'entendait. Il faut un peu d'humour lorsqu'on est fatigué par ses failles, cela aide beaucoup.

Il faut être dingue pour faire de la peine. Il faut être encore plus fou pour toujours vouloir faire mieux. Monter une montagne difficile rend le sommet plus joli. La beauté du spectacle donne l'envie d'en gravir une autre.

Le beau n'est pas dans la facilité mais dans la continuité d'essayer.

Pardonner et être pardonné, c'est se donner le goût de vivre pour gagner le droit de s'étonner soi-même.

Mémoire blessée égale « Danger ! »

Si on croit que le pardon équivaut à l'oubli des offenses, on se trompe. Pardonner ne veut pas dire oublier. Car si on peut pardonner, on ne peut oublier. Autrefois, je me disais que jamais je ne pardonnerais, que jamais je n'oublierais les horreurs vécues ! Il est vrai que je n'ai pas oublié, mais pas comme je l'entendais à l'époque. Mes souvenirs étaient pétris de haine pour faire monter la vengeance. Ils sont maintenant imprégnés de pardon pour faire œuvre de paix.

Ne pas pardonner, c'est devenir esclave de soi-même, c'est rester attaché à sa mémoire blessée comme un chien à une chaîne. On ne peut pas aller loin, on s'interdit d'être heureux, de devenir libre. On devient un générateur de haine, de peurs, et la mémoire est en embouteillage comme sur le périphérique.

Mine de rien, pardonner est un acte intéressé. Si on est coincé sans pouvoir avancer, on ne peut que vouloir sortir des embouteillages afin d'arriver à l'heure et vivre ce que l'on a à vivre. En restant sur le périph, on perd du temps, on tourne en rond, on s'empêche de vivre, on rate son rendez-vous avec la vie.

Vous dont la mémoire est blessée, je conçois que ceux qui vous parlent de pardon vous prennent la tête comme un marteau-piqueur. Mais n'ont-ils pas raison d'insister ? Car le marteau-piqueur n'a pas le dernier mot. Après lui vient un projet à bâtir. Ceux pour qui ça marche ne sont pas mieux que vous. Sur votre chemin, vous trouverez toujours des personnes qui vous devanceront et vous étonneront. Loin de vous décourager, ils vous donneront envie d'essayer le pardon. Osez prendre un raccourci. Il faudrait être bien tarte pour ne pas essayer. Vous verrez, ça marche. C'est alors qu'on se rend compte qu'on est fait pour devenir et non pour s'embourber dans le passé qui empêche de vivre. C'est ainsi que vous meublerez votre tête, votre intelligence et votre cœur pour innover et non pour reproduire.

Et la mémoire dans tout ça ? Ne la laissez pas oisive. Elle a besoin d'occupation pour ne pas faire du vélo sur piste et tourner en rond. N'hésitez pas à vous lancer sur les chemins de grande randonnée, partez à la découverte, cherchez la difficulté, l'émerveillement des choses et des personnes rencontrées. En agissant ainsi, la mémoire engrange du nouveau. Plus on va à la découverte de chemins différents, plus on a le droit de faire rentrer des souvenirs qui ne pèsent pas. Et un beau jour, on se rend compte qu'on ne peut pas être aujourd'hui sans avoir été hier, qu'on ne peut pas être celui qu'on est aujourd'hui *sans* tout son passé – même un passé effrayant. Malgré les apparences, un passé *hard* est une richesse. Il est alors possible d'essayer le pardon et de redonner sa confiance blessée.

Là où il vous faudra faire attention, c'est avec votre mémoire. Il faut apprendre à vivre avec, à l'utiliser à bon escient pour éviter de se blesser et de blesser les autres. La mémoire blessée sert d'avertisseur. Elle est comme un guetteur qui avertit lorsqu'on risque de reproduire, de retomber dans ses travers. Et lorsqu'on ne reproduit pas, c'est la victoire ! Vous pourrez vous écrier : « Je suis libre ! » C'est là que l'accompagnement est utile pour ne pas se laisser submerger par le passé, pour ne pas perdre de temps, pour vivre ce que personne ne pourra vivre à votre place.

Sur le chemin de la mémoire, il n'y a pas que du noir. Vous avez droit à la lumière qui meuble, qui éclaire. Le jour est plus grand que la nuit. La nuit, je dors ; le jour, je vis et tente de vivre du beau. Mes coins obscurs me sont moins intolérables. Découvrant que, moi aussi, j'avais fermé, sans le vouloir, portes et fenêtres à la lumière, je les ouvre désormais toutes grandes à ceux qui avaient grignoté mon capital-confiance. Toute personne enfermée a le droit de chercher les clés et d'ouvrir portes et fenêtres pour faire entrer la lumière qui réchauffe.

Entretenir sa mémoire dans le non-pardon, c'est devenir une Cocotte-Minute que l'on aurait oubliée sur le gaz : ça fait boum ! Pour éviter l'explosion, je porte une attention délicate à ma mémoire en joignant l'eau du pardon à la chaleur de l'amour. La mémoire devient une amie avec laquelle je suis appelé à devenir délicat.

La mémoire me rend riche de ne pas me prendre au sérieux. Il n'est pas rare que les jeunes que j'accueille à la ferme me renvoient à mon passé. Je me reconnais à travers eux. Je vois en eux ce que j'étais et j'en rigole intérieurement. Je ne me moque pas d'eux, non, mais ils me donnent l'occasion de rire de moi-même. Celui-ci est un voleur. Il me raconte. J'en rigole. Je me rappelle que j'en étais un. Celui-là me raconte des bobards, des carabistouilles, et il croit m'embobiner en plus ! S'il savait à quel point je lis dans son jeu... J'ai ainsi souvent les moyens de rire de moi-même. Mais le fait de me reconnaître dans leurs faits et gestes me permet surtout d'avoir une énorme espérance en eux, quand eux ne l'ont pas encore en eux-mêmes. J'ai eu le droit de changer et je n'ai pas le droit de croire qu'eux-mêmes ne l'ont pas.

Le pardon ne m'est pas réservé. Je n'en suis pas propriétaire. Tout le monde a le droit d'être actionnaire du pardon. J'alimente ma mémoire de beaucoup d'instants présents faits de joie, de bonheur, de lumière, qui se mettent à danser avec tous mes instants passés de peines, de larmes, de souffrance, de haine, dans une fusion qui me fait vivre.

« *Tel père, tel fils* »

J'ai grandi dans un drôle de monde. Abandonné par ma mère et battu par mon père, j'en ai pris un coup dans ma tête, comme on dit, dans mes espérances. J'ai passé trois ans à l'hôpital, enfant. Autrefois, j'avais honte. J'étais parqué dans une maison de correction : j'étais un enfant à risque. On nous disait que 75 à 80 % des enfants battus allaient reproduire les mêmes travers : « tel père, tel fils ». J'ai même entendu un éducateur dire de moi : « Qu'est-ce qu'on peut tirer de ce gosse avec les parents qu'il a ?! Il est irrécupérable, pourri ! » Tous ces mots sont beaucoup plus violents que des coups. Ce sont des coups de poing à l'espérance, des semences de désespérance.

Le milieu d'où je viens n'est pas un milieu de rêve. Mais c'est trop facile de croire que parce qu'on vient d'un drôle de milieu on ne peut pas s'en sortir. C'est faux.

Au début j'étais raciste. D'un racisme un peu spécial : j'exécrais les chanceux ! Mais j'ai décidé que la génétique, la fatalité, la loi des séries, ce ne serait pas pour moi. J'ai décidé que j'allais réaliser mes rêves, que j'allais avoir une femme, des enfants. J'y suis arrivé. J'ai fondé une famille, moi qui n'en avais pas. Et ce que je suis aujourd'hui, je ne pouvais même pas le rêver. Ce que je vis aujourd'hui est plus beau que tout ce que j'avais pu imaginer. Quand un de mes enfants me dit « mon papa », dans ce « papa » sont rassemblés tous les

« mon papa » que je n'ai jamais pu dire. Chaque « papa » est comme un coup de Kärcher, un lavage gratuit qui me fait croire en la vie. Je ne m'y habitue jamais. Quel beau coup de pied à la génétique !

Et puis je suis devenu un globe-trotter de la différence. J'ai des amis extrêmement divers. En devenant un globe-trotter, ce n'est plus dans un petit village mais dans un grand univers que j'ai eu la possibilité de me tenir émerveillé et de découvrir des choses que je ne connaissais pas. J'ai essayé la vie, j'ai essayé le mariage, j'ai essayé d'être papa. Une grande aventure ! J'avais tout à apprendre, moi qui n'avais jamais eu de père. Je rigole maintenant des réactions que j'ai pu avoir jeune marié. Ainsi, le jour où Églantine est née – mon premier enfant –, j'ai été bousculé dans mes tripes, une grande flambée de bonheur. J'avais peur de la prendre dans mes bras et en même temps je surveillais la sage-femme pour qu'elle ne lui fasse pas de mal. J'ai même fait faire ses empreintes de pieds de peur qu'on ne me la vole pendant la nuit ! Mais le lendemain, Églantine a pleuré dans mes bras. Je me suis senti tout lourdaud, j'ai paniqué, et j'ai entendu comme un vieux disque rayé dans ma tête : « Tel père, tel fils. Les chiens ne font pas des chats. » Par peur d'être mauvais, j'ai pris la poudre d'escampette, j'ai fui ma femme et ma fille ! Pendant dix jours, j'ai passé mon temps dans les bois, à me battre contre le harcèlement des mots qui sont plus méchants que des coups. Mais Martine a eu confiance en moi, et je me suis apaisé pour donner l'estocade à la génétique. Mon attachement pour ma femme et ma petite fille a été plus fort que le disque rayé.

Il y a quelque temps de ça, un soir, le téléphone sonne. J'étais pressé, sur le point de partir. Je décroche quand même. Un homme d'une trentaine d'années demande à me parler.

« J'ai lu dans votre livre que la violence n'est pas génétique : je ne suis pas d'accord avec vous. Mon père était violent. Il m'a battu sans raison quand j'étais gosse, et moi je reproduis cette violence. Je ne veux pas, mais c'est plus fort que moi. Je n'arrive pas à me contrôler. Je tape ma petite fille de six mois. »

Il refrène un sanglot. J'en oublie que je dois partir et m'assieds sur le bord de la chaise. Je me sens tout drôle. Je le laisse raconter.

« J'ai des montées extrêmement fortes de violence qui arrivent comme ça, sans prévenir. Quand je ne violente pas ma fille physiquement, c'est beaucoup plus vicieux, sournois... Je la laisse nue sous la table, sur le sol... Je n'arrive pas à comprendre pourquoi je cherche à l'abaisser, à l'humilier. Que dois-je faire ? »

Je suis désarçonné. Je ne sais que dire ni que faire. Il demande un remède miracle. Malheureusement, je n'en ai pas à lui offrir. Je mène un combat en moi-même pour ne pas le juger. Je retrouve dans cette petite fille souffrante l'enfant que j'étais, dans cet homme, le père qui me battait. Je descends dans mon cœur et je me convaincs avec une force qui me dépasse : « Aime-le très fort, ne le juge pas, c'est ton frère. » Et là, un éclair traverse mon esprit et mon cœur.

« Comment t'appelles-tu ?

— Daniel.

— Bien. Daniel, va chercher ta petite fille. »

Il part la chercher et reprend le combiné. Je continue :

« Maintenant, dis-lui que tu l'aimes... et demande-lui pardon.

— Mais, Tim, elle ne peut pas comprendre, elle est trop petite..., objecte-t-il.

— Si elle reçoit tes colères, tes coups, elle peut aussi recevoir des mots de pardon et d'amour. Donne-les-lui. »

À l'autre bout du fil, j'entends Daniel demander pardon à sa petite merveille et lui dire qu'il l'aime. J'ose aborder le terrain de sa relation conjugale.

« Dis-moi, Daniel, est-ce que ça boume avec ta femme ?

— Oui, elle est super, elle m'aime. »

Il l'appelle et elle vient au téléphone. Ensemble, ils ouvrent le robinet des larmes. Je les ai invités à la maison.

« Ta femme, Daniel, pourra parler avec la mienne, et nous deux, on pourra se parler. »

Je lui ai donné mon numéro de mobile pour qu'il puisse m'appeler quand il veut.

Quand j'ai raccroché, mon cœur débordait de joie. Daniel m'avait parlé avec son cœur. Si au début j'étais désarçonné, au fur et à mesure qu'il me parlait j'ai été guidé, inspiré, pour répondre au SOS qu'il me lançait. Ne se sentant pas jugé, il a pu délier des nœuds. En disant des mots d'amour et en demandant pardon à sa fille, il est sorti du cul-de-sac de la reproduction pour entrer sur l'avenue de la reconstruction. J'ai remercié le Très-Haut. Depuis, Daniel est devenu mon frère, et sa famille sacrée.

Lydie, quinze ans, vient me voir à la fin d'une conférence dans un collège.

« Je n'ai plus confiance en personne. »

Comme je lui demande timidement la cause de sa souffrance, elle lâche ce qui lui pèse sur le cœur.

« Je ne pourrai jamais aimer car je n'ai pas été aimée. Depuis que ma mère s'est cassée avec un autre homme, tout va mal à la maison. Mon père pète les plombs ainsi que mes frères... et il va trop loin vis-à-vis de mon intimité... J'en ai parlé à une amie de classe qui l'a répété à l'assistante sociale. Cette femme est venue me parler. Je lui ai demandé de ne rien dire : elle a promis. Mais j'ai été trompée. Un soir, juste avant la fin des cours, la police est venue me chercher. Toute la classe me regardait. J'étais mal à l'aise. Ils se sont fait du cinéma : ils pensaient que je dealais ou bien d'autres conneries encore... Après la déposition, je suis rentrée chez moi. Mes frangins et mon paternel m'attendaient. La police était passée avant moi. Il faut voir comment j'ai été reçue ! "Tu es bien comme ta mère ! tiens ! salope !" Depuis ce jour, la vie et le regard des autres m'insupportent...

« Pendant la semaine, je suis en pension. Les sœurs sont sympas. Mais je hais les week-ends. C'est moi qui fais la cuisine et ils trouvent toujours à redire : "Ce n'est pas bon, ta bouffe, c'est trop cuit... espèce de sale pute !" Mon père et mes frères répètent que je suis comme ma mère, que je finirai comme elle... Mais je ne veux pas, Tim, je ne veux pas ! Je ne veux pas être comme ma mère qui s'est cassée avec le premier venu comme si nous n'existions pas ! »

Après notre discussion, Lydie, qui craignait de devenir comme sa mère, finit par accepter l'idée que ce n'est pas automatique, que son futur n'est pas tout tracé. Elle a la chance d'être accueillie en pension par des bonnes sœurs sympathiques et s'attelle à son travail. La vie ne l'a pas épargnée mais son cœur est très beau. Je suis sûr qu'elle sera une femme pour innover dans le beau, et non pour reproduire les erreurs de ses parents.

Brûler le passé ?

Durant toute mon enfance, dans ma tête, les mauvais souvenirs venaient me chatouiller la mémoire, même dans mes rêves. J'étais perdu, déstabilisé. J'avais des réactions de fuite, de violence, que les autres ne pouvaient pas comprendre. J'étais, à ce moment-là, caractériellement en dérangement. Je ne pouvais pas me projeter dans un lendemain heureux. Le temps me paraissait extrêmement long. Je souffrais de ne pas être normal. J'étais jaloux des enfants qui avaient des parents, des grands-parents. Les marques d'amour, d'affection, les cadeaux que les autres recevaient me troublaient beaucoup. Ils me renvoyaient à ma différence. Pourquoi avaient-ils cette chance ? Cela me paraissait injuste. Quand ils partaient en vacances en disant que leur père, leur mère, leurs grands-parents ou leurs oncle et tante les attendaient, j'étais renvoyé à ma solitude.

À défaut d'être attendu, je cherchais à être entendu. Je devenais, dans ma tête et dans mon cœur, un terroriste de l'amour. Je devenais stupide dans mes réactions. J'étais surprenant et déstabilisant pour ceux qui m'entouraient. Mon langage était pauvre et je passais les bornes injustement, avec des mots et des gestes qui blessaient. Je donnais ainsi aux autres la possibilité de m'exclure de leurs projets par peur de mes réactions. J'obtenais le contraire de ce que je désirais. Je ne voulais pas faire du mal mais je m'embourbais comme dans un marécage sans fin.

Les images du passé se frottaient dans ma tête comme des silex. Je voulais en faire jaillir des étincelles pour allumer un grand feu, pas pour me réchauffer mais pour brûler le passé. Parfois, le vide que je ressentais face au moment présent était si grand que mes yeux s'embuaient de tristesse. J'aurais voulu avoir un papa normal et je pétais les plombs. Je tapais sur le mur, sur n'importe quoi, j'imaginais que c'était sur mon père. Ma tête passait par tous les extrêmes. Un grand désordre y régnait qui me faisait mal. Je désirais tellement me blottir dans les bras d'une maman, tenir la main d'un papa, devenir un enfant tout petit, être attendu comme un fils. Le plus dur, c'était de ne pas pouvoir pleurer et d'être envahi par la rage, la haine.

Si l'occasion se présentait, je fuyais dans les bois. J'allais écouter une source, une rivière, cela me calmait. Je cherchais les animaux sauvages, les chevreuils. Je m'approchais d'eux. Je les regardais. Ils me regardaient. Et comme par magie, je ressentais quelque chose de beau, de léger, je me transportais en eux, j'avais l'impression d'être comme eux. Mais ce n'était qu'un sentiment fugace. Ils partaient majestueusement et je me retrouvais face à moi-même. Les images du passé revenaient alors me hanter et me poursuivre. Pour tenter de les fuir, pour qu'elles ne me dépassent et me submergent pas, pour éviter de penser, je quittais les bois, j'allais en ville faire des bêtises, des crasses. J'étais momentanément apaisé, mon passé tombait dans l'oubli.

Je faisais des fugues annuelles. Ces périodes de cavale m'étaient pénibles et, en même temps, apaisantes. Je m'évadais dans ma tête grâce à mon corps. Je rêvais de découvrir des gens qui m'accueilleraient et m'emmèneraient comme un enfant bien à eux. Cela me faisait du mal et du bien. L'absence de ma mère était comme un ravin argileux où je n'arrivais pas à m'agripper. À ces moments-là, l'envie de mort me chatouillait les méninges.

Je n'ai pas été mal dans ma tête seulement dans mon enfance et mon adolescence. Je l'ai été aussi après mon mariage, quand j'ai découvert peu à peu ce qu'impliquait le fait d'aimer et d'être aimé. J'étais parfois anesthésié et renvoyé à mon passé : avec ma femme, lorsque j'étais un mari « spécial », avec mes enfants lorsqu'ils trouvaient en face d'eux un père qui sortait de ses gonds, avec mes amis par mes impatiences, avec ma belle-famille par ma honte de ne pas être comme il faut, avec les inconnus qui me contrariaient en voiture et contre qui je m'excitais. Je pensais que j'étais tiré d'affaire quand, soudain, sans crier gare, je déraillais.

Avec l'aide de ma femme, de mes enfants, de ma belle-famille et de mes amis, mes dérapages se sont espacés. Ça ne s'est pas fait tout seul. Rien de magique là-dedans. J'ai appris à vivre avec une tête malheureusement abîmée. Je suis un constructeur. J'ai décidé que j'y arriverais avec ceux que j'aime, que j'avais le droit de les étonner dans le beau, comme une charpente a le droit d'être consolidée pour continuer à abriter et à protéger les habitants de la maison.

La violence, un volcan qui sommeille en moi

Il reste malheureusement en moi un fond de violence, comme un volcan qui sommeille. Mais maintenant j'ai appris à vivre avec. J'y prête une continuelle attention. Je reste très vigilant. Je ne frappe plus personne mais parfois l'envie me surprend, surtout dans des situations extrêmes. Ça me rend malade de devoir être dur, excessif. Mais quelquefois je n'ai pas d'autre choix.

Un jour, à la ferme, j'ai demandé à Gérard d'aller ramasser les feuilles avec les autres. C'était un ancien truand plus âgé que moi. Il m'a lancé à la figure: « Moi, je ne reçois pas d'ordres d'un plus jeune! », et tout en disant cela il a sorti son couteau. Alors là, je n'ai pas réfléchi. Ni une ni deux, je l'ai jeté à terre! Je lui ai lancé:

« Si tu veux faire partie du monde des morts, tu te casses en rampant! J'suis pas allé te chercher! C'est toi-même qui as demandé de venir à la ferme... Mais si tu veux faire partie du monde des vivants tu me regardes droit dans les yeux, et on va apprendre à marcher l'un à côté de l'autre... »

Et je l'ai lâché.

Pendant des mois j'ai pensé à cette violence que j'avais eue, que je croyais avoir guérie, et qui était ressortie en un clin d'œil, sans que je l'aie vue sourdre de moi. Elle m'avait surpris, pris à défaut. J'en étais malade d'être redevenu violent comme cela, en une seconde. Ce qui m'a mis dans la paix, dans cette histoire, c'est son issue heureuse. Car de cette violence, ou plutôt des phrases que j'ai dites, a résulté un bien. Six mois plus tard, Gérard a témoigné devant tous les autres gars que le jour où il s'en est sorti c'est le jour où il a décidé d'être un vivant.

Une intonation de voix peut me rendre violent. À savoir, le son qui réveille des blessures, qui transporte dans le passé inconsciemment, ou dans des situations passées que j'ai eu du mal à gérer émotionnellement. Des tons, des sons autoritaires ou violents bien sûr, mais aussi des tons sans espérance, des tons qui portent en eux un « tu n'y arriveras jamais ». Même si les mots employés sont positifs, le ton éteint de la voix montre bien le manque de conviction. Le ton contredit les mots. Et les gens qui ont ce ton de voix sont convaincus qu'ils ne font pas de mal en plus !

Je suis également horripilé par ceux qui me posent une question mais qui n'attendent pas ou n'écoutent pas ma réponse. Ils font comme s'ils s'intéressaient à moi, mais en fait ils n'en ont rien à faire de ce que je vis et dis. Du coup, j'ai l'impression de parler dans le vide.

Tous ces gens-là, les autoritaires, les désespérants, les indifférents, me rendent fou. Je crois que c'est lié à mon enfance, où, n'étant pas écouté, j'ai dû m'affirmer pour me faire entendre, où le seul moyen que j'avais trouvé pour m'exprimer était la violence. Du coup, pendant des années, je ne supportais plus ce qui me rappelait le passé, ce qui me faisait redémarrer dans une violence. Je me trouvais confronté à des situations qui me renvoyaient en arrière. Or quand on est en marche arrière, on ne sait jamais si on ne va pas cogner sur quelque chose.

Grâce à Martine et à mes enfants, je modifie mes instincts primaires. Maintenant, au lieu de passer à la note au-dessus, j'ai appris à moduler ma voix. J'ai la chance d'avoir des enfants qui ont une belle maturité de cœur. Un jour, Églantine et Lionel m'ont demandé de venir écouter de la musique avec eux. Ils ont dû faire un lien entre la musique et ma voix car ils m'ont dit :

« Tu sais, papa, tu as beaucoup changé, on n'aurait pas voulu avoir un autre papa que toi. Mais tu sais, il faut que tu changes quelque chose… (J'ai senti mon estomac se nouer.) Quand tu veux quelque chose, ta voix change, ton regard aussi : cela intimide et fait peur. »

Ce jour-là, ils m'ont fait un cadeau immense : ils m'ont donné la possibilité de me modifier. Depuis, je suis vigilant sur ma voix et mon regard quand je veux quelque chose. Effectivement, je n'ai pas à demander comme si on ne voulait pas me donner volontiers ce que je demande.

On ne peut pas changer tout seul, on est aveugle sur soi-même. Pour que nous, les violents, arrivions à maîtriser notre violence, il faut nous en parler avec un son et un ton d'espérance.

Après de nombreuses années de consolidation dans la vie, avec l'amour des autres et de moi-même, le seul endroit où je suis resté vraiment susceptible, c'est en voiture. Là, si quelqu'un me cherche, il me trouve, car je suis hyperprotecteur à l'égard des miens. Je ne supporte pas que des chauffards mettent des vies innocentes en danger.

Un jour, j'étais avec mon fils Lionel dans mon 4 x 4. Soudain, un gars a grillé un stop. J'ai freiné comme un malade. La tête de Lionel a heurté le pare-brise. J'ai vu le gars s'éloigner, levant son doigt pour me narguer. Mon sang est devenu tout chaud. Je l'ai poursuivi avec rage, sans pouvoir me contrôler. Je l'ai rattrapé et sorti de sa bagnole. J'allais le tabasser lorsque Lionel m'a retenu le bras : « Non, papa, non, ne fais pas ça, arrête, papa. » Tout son être me suppliait. C'est ce qui a sauvé le fanfaron. Quand je suis remonté en voiture, Lionel m'a dit : « Papa, je suis fier de toi. T'es super ! » J'avais chaud désormais non plus dans ma tête mais dans mon cœur. Merci, mon fils. J'avais honte de ce que j'avais failli faire. Ton amour et ta supplication m'ont aidé sans que tu le saches. Grâce à Lionel, j'ai appris à vivre avec ma susceptibilité, je suis vigilant et, du coup, plus calme.

Vous voyez, même quand on change, la tête peut jouer de mauvais tours, mais grâce à ceux qui nous aiment, qui nous font confiance, on a le droit de s'étonner soi-même. Les mauvais tours s'éloignent pour laisser place à la paix.

La violence m'a un peu tordu. Mais les gens tordus ne donnent pas forcément de mauvais fruits. Si l'on devait déraciner tout ce qui est tordu dans notre beau pays, on n'aurait plus d'oliviers ni de vignes, plus d'olives ni de vin... Comme je suis tordu, je me suis mis un tuteur pour ne pas me casser au vent. J'appelle le Très-Haut : c'est un tuteur sûr, droit, et qui ne pourrit pas.

Sortir du cercle de la honte

Quand j'ai commencé à changer, à croire que la vie n'était pas fichue, que la partie n'était pas jouée, des relents de mon passé me revenaient. J'avais honte alors, car moi qui en avais voulu aux autres pour ce qu'ils m'avaient fait, je n'étais pas joli non plus. J'avais fait bien peu de bien et beaucoup de mal. Mais la vie veut que nous rencontrions des personnes repenties qui nous ont précédés dans l'erreur, et que l'on trouve belles. C'est rassurant.

Lorsqu'on me parlait de telles personnes, je m'approchais d'elles. Des gens me les signalaient même gentiment : « Oh, celui-là, il revient de loin », ou bien : « Celui-ci a su se ressaisir », ou encore : « Quant à elle, elle nous a étonnés, avec la vie de bâton de chaise qu'elle a menée ! » Du coup, j'étais intrigué. Dans ma honte, il m'arrivait de ne les observer que de loin, mais fort heureusement j'étais voleur de beau (tout ce que je vois de beau chez quelqu'un, je le prends et je l'essaie pour moi-même). Je sentais que ces personnes étaient heureuses. Elles cherchaient à réparer leurs erreurs passées, le mal qu'elles avaient fait, et cela ne leur donnait nullement une gueule d'enterrement. Leur joie rayonnante, leur paix intérieure me donnaient envie de faire de même. À leur insu, de ces personnes émanait le parfum de l'espoir : « Si elles y sont arrivées, pourquoi pas moi ? »

Mais la honte m'empêchait d'avancer, venait me jouer des tours quand je dérapais, comme une petite voix qui me disait : « Tu rêves, mon ami, avec le passé que tu as, ha, ha ! Tu n'y arriveras jamais… »

C'est là que les amis, la famille m'ont aidé à me relever. Chaque fois que je me redressais, j'avançais d'un pas. Ce n'est pas parce que je ne suis pas beau dans mon passé que je n'ai pas le droit de retrousser mes manches pour me battre avec plus de hargne pour faire du bien.

Chaque fois que j'ai de bons gestes, c'est comme si j'étais devant un miroir où je me vois sourire à la vie, et la honte me chatouille de moins en moins.

Ceux qui se redressent deviennent des sourires dans la nuit.

Pleurer

On rêve toujours de ce que l'on n'a pas. D'aucuns rêvent d'être prince, moi je rêvais d'être un petit enfant normal. J'aurais voulu être un enfant qui a le droit de pleurer et d'aller se blottir dans les bras de ses parents. J'aurais aimé être attendu, que l'on soit témoin de mes efforts d'enfant, que l'on me félicite avec fierté, que l'on me gronde quand je dépassais les limites, que mon anniversaire soit une fête comme un jour attendu et beau, que l'on me gâte, que l'on me parle des choses de la famille, que l'on partage avec moi des temps de tendresse, que l'on me dise « je t'aime ». Un bisou, une caresse, un câlin, une lumière allumée dans la nuit quand je faisais des mauvais rêves, je n'aurais pas craché dessus ! J'aurais aimé être protégé. J'aurais aimé des choses de tous les jours dans une famille ordinaire où l'on essaie de s'aimer. J'aurais voulu jouer comme un enfant normal, avoir l'âge de mon âge.

J'aurais aimé qu'on me laisse pleurer. À l'Assistance publique, quand je pleurais la nuit, on me disait d'arrêter, on me donnait une claque : un « paris-brest ». On me jetait un broc d'eau au visage en ricanant : « Chiale donc, tu pisseras un coup de moins ! » Ces gestes me faisaient aussi mal que les coups reçus de mon père. Empêcher les larmes d'un enfant, ou même d'un adulte, de couler revient à interdire au potier de mouiller l'argile qu'il travaille.

Dans mon rôle d'éducateur, j'ai entendu de vrais durs crier: « J'en ai marre, Tim, je me casse ! » Ils le criaient bien fort, sur le chemin même, le sac sur l'épaule. J'allais les rejoindre. Et j'ai vu ces durs de durs tomber dans mes bras et pleurer comme des petits enfants. Il faut un sacré courage pour oser dévoiler à une tierce personne le cœur blessé qu'on a cherché à cacher derrière une carapace de dur à cuire.

Ce n'est pas une honte de pleurer, à tout âge. Les hommes aussi ont le droit de pleurer. Les pleurs nettoient, pansent les blessures. La terre asséchée, une fois humidifiée, se laisse transformer.

Dans notre beau pays de France, parfois le temps chiale. Il pleut: les feuilles prennent un coup de jeune, les arbres se revigorent, les toitures se rafraîchissent, les bagnoles passent au lavage à l'œil, les routes font un brin de toilette. Quand il pleut, nous ne sommes plus envahis de poussière. Empêcher un enfant de pleurer, ne pas aimer sa météo pluvieuse, c'est le pousser à devenir indélicat. Après la pluie, l'arc-en-ciel embellit tout.

Accro à l'adrénaline

Durant ma jeunesse mouvementée, beaucoup de mes copains s'adonnaient à la drogue. Je la côtoyais puisque j'étais avec eux. Leur métamorphose sous son effet me faisait rire. Avec mon meilleur copain, nous étions pliés devant leurs attitudes, surtout avec la musique. On avait l'impression qu'ils marchaient sur des nuages, qu'ils se regardaient le nombril tout en tournant la tête, comme s'ils avaient pris une brique sur la tronche. Ils rigolaient comme un disque qui s'emballe. Même les timides devenaient volubiles. Ils en étaient drôles. Ils nous racontaient leurs visions. À force d'être avec eux, j'ai fumé des joints tout en écoutant de la musique, mais les effets ne m'ont pas paru extra.

Celui que j'aimais était devenu esclave de la drogue. Je l'ai perdu, comme bien d'autres amis d'ailleurs. « On contrôle la situation, on n'est pas accros », c'était ce qu'ils disaient. Et puis un beau jour, c'était l'overdose. Conséquence : au petit matin, on vient annoncer la nouvelle qui fait mal à ceux qui restent. Je trouvais cette mort un peu lâche. Elle faisait mal à tout le monde.

Je n'étais pas attiré par la drogue. Ce n'était pas mon truc. J'étais déjà assez pété sans cela ! Ma drogue à moi, c'était l'adrénaline, l'action. Lorsque j'étais enfant, la trouille était ma sœur, ma mère et ma meilleure amie. J'aimais avoir la trouille. Elle t'enveloppe tout entier. Aussi me jetais-je dans ses bras comme dans ceux d'une maman. Lorsque la police me cherchait, mon cœur battait si fort que j'avais peur qu'il ne me dénonce. Je restais là, blotti dans les bras de la peur, les nerfs tendus comme un arc. Vivre en cavale était pour moi une vraie drogue.

Il est vrai qu'une fois j'ai mélangé des médicaments avec de l'alcool. L'effet a été détonant. J'étais tellement allumé que je ne pouvais pas revenir chez moi. C'est mon meilleur ami qui m'a ramené. Mais une fois qu'il a été parti, j'ai cassé la porte. Le lendemain, je me suis réveillé dans une grange, à plus d'un kilomètre de là ! Ma tête faisait du tam-tam et j'avais l'impression de faire marche arrière en avançant ! Lorsque mon ami m'a trouvé, il m'a raconté toutes les bêtises que j'avais faites dans la nuit. Je ne voulais pas le croire : c'était comme si ce n'était pas moi. Ce mal de tronche et ce vide dans ma mémoire m'ont vraiment fait peur. Depuis, je n'ai plus jamais touché à ces saletés.

C'est aussi ce jour-là que j'ai arrêté les alcools. Plus tard, j'ai bu du bordeaux avec ma femme et mon beau-père, et je l'ai savouré. Mais je ne veux pas être commandé par l'alcool. Fils d'alcoolique, je reste vigilant. Quand on veut trop me resservir d'apéritif, je pose la main sur le verre en disant que je ne veux pas me faire doubler par les habitudes.

Pour moi, la plus belle des drogues, c'est de courir après la vie.

La mort ou la vie ?

Il paraît qu'il est rare pour un enfant de tenter de se suicider. Pour mon compte, j'ai fait mentir les statistiques avec trois tentatives. Mais la vie me voulait plus que la mort : j'ai raté mes essais... et je ne m'en porte pas plus mal !

La première fois, j'ai avalé un joli mélange de cachets que j'avais volés à l'infirmerie de la maison de correction. Résultat : vomissements et retour à l'infirmerie – par la bonne porte cette fois. Mais le médecin n'a rien deviné. Il m'a fait tirer la langue et a déclaré : « Holà, jeune homme, vous avez une belle angine ! »

La deuxième fois, je devais avoir onze ans. Nous étions quatre de l'Assistance en pension chez une fermière cruelle et rapace. Je n'en pouvais plus, j'étais las de tout. La mort accidentelle d'un bûcheron m'a donné une idée. Je suis monté en haut d'un immense stock de bois dans la forêt voisine. J'ai fermé les yeux et j'ai sauté. Neuf mètres de chute. Résultat : une entorse... avec une bonne tarte en prime par ma nourrice pour avoir fait l'intéressant !

La troisième tentative, c'était un mois plus tard, la nuit de mon anniversaire. Cette fois, j'ai choisi la pendaison. Je me suis levé discrètement pour me rendre aux cabinets au fond du jardin. Là, j'ai fait tout ce qu'il fallait : j'ai noué la corde de chanvre autour de la poutre, je suis monté sur le trône, et j'ai sauté.

Résultat : la charpente sur la tronche et une bonne dérouillée pour avoir cassé l'abri !

Durant mon adolescence, je vivais constamment avec un esprit suicidaire. Je ne tenais pas à la vie et donc je prenais des risques excessifs. Je partais en cavale. Je n'appartenais à personne et je n'étais responsable de personne.

Je considérais la mort comme une fatalité. Puisque de toute façon tout le monde doit mourir un jour ou l'autre, pour moi il était normal de mourir, un point c'est tout. Je n'éprouvais de tristesse à la mort de personne. Je ne comprenais même pas que des gens puissent être tristes. On n'était sur terre que pour un temps. Je disais aux gens : « Tu es arrivé un jour, il faut bien repartir et laisser la place aux autres. » J'essayais de coincer les croyants avec une logique implacable qui faisait mal : « Alors quoi ? Tu crois au Paradis, tu dis que c'est le bonheur là-haut, et tu ne veux pas y aller ? Il faut savoir ce que tu veux ! »

Quant à moi, je n'avais pas demandé de vivre. Je me foutais pas mal de ma vie. Du coup, j'étais complètement insouciant des dangers. J'aurais pu mille fois me tuer dans des accidents. Beaucoup de gens m'ont dit que ce style de comportement était de la folie suicidaire. C'est vrai. Je jouais avec la vie, avec la vie et avec la mort.

Je m'étonne de voir à quel point j'ai changé ! Je ne l'ai vraiment remarqué qu'à la suite d'un accident de voiture où j'ai bien failli y passer. C'était il y a cinq ans. J'ai fait quatre tonneaux avec mon vieux van Volkswagen. J'ai vu la mort au ralenti. J'ai crié à Dieu le Père : « Non, je ne veux pas mourir, je vais être papa ! » – nous attendions alors Timothée, notre quatrième enfant. Cette phrase, je l'ai répétée comme un disque rayé jusqu'à ce que la voiture s'arrête. Je suis sorti. Une table de pique-nique avait retenu mon camion au bord du précipice ! Qu'est-ce que j'étais heureux !

Enfant, j'ai désiré détruire, désiré me détruire, désiré la mort. Adulte, je veux vivre le plus longtemps possible pour ne jamais m'habituer à l'amour que j'ai pour ma famille et mes amis. Quel contraste ! Vouloir construire, c'est entrer dans le désir de bien vivre. C'est pouvoir remercier ; c'est aussi guérir à la mesure de sa mesure, c'est oser exister.

Oser croire en la vie

Croire en la vie est vraiment dur quand on a fait l'objet d'un traitement de choc dans l'enfance. Au début, j'espérais que mon père allait changer. Après, en passant par l'hôpital et l'Assistance publique, mon cœur s'est fermé. La haine a grandi en moi, elle me bouffait de l'intérieur. Cette haine pour mon père était devenue ma raison de vivre. Chaque manque d'amour, chaque manque de protection faisait grossir mon muscle de la violence, de la rancune. Chaque geste d'une maman, d'un papa, de grands-parents me donnait les boules, chatouillait ma jalousie, me renvoyait à ma solitude. C'était plus fort que moi, je ne pouvais contrôler.

Mes amis handicapés sont parmi les premiers à m'avoir donné le goût de la vie. J'ai vécu deux ans avec eux. J'ai porté, habillé, lavé, nourri, amené aux toilettes, promené ces frères et sœurs, et prié avec eux. Ils sont loin d'être handicapés du cœur. Ils s'intéressent à vous. Ils vous demandent qui vous êtes. Une personne handicapée vient à vous. Si vous lui plaisez, elle vous dit que vous êtes gentil, elle vous invite gratuitement et vous dit qu'elle vous aime. Si vous la revoyez trois ou six mois plus tard, elle vous appelle par votre prénom. Certains bien-portants voudraient faire un monde sans handicapés. Moi, je remercie qu'ils existent. Cela peut faire sourire, mais ils me paraissent plus rassurants que les bien-portants. Ils m'apprennent à ne pas être handicapé du cœur.

Grâce à eux, peu à peu, tous les beaux gestes qui excitaient ma jalousie et ma violence ont pu prendre place au calme dans ma mémoire. J'ai pu commencer à rencontrer des messieurs et des mesdames Tout-le-monde qui avaient en eux des gestes, des attitudes, des regards auxquels je n'étais pas habitué. On n'a pas besoin de rendez-vous ou de piston pour approcher les gens handicapés, les regarder. Leur gentillesse, leur générosité, le son de leur voix, la lumière de leurs yeux, leur façon de se mettre à ta portée, tout cela, je me jetais dessus comme le pigeon de Paris se jette sur les miettes qui lui sont lancées. Ce sont des moments qu'on n'oublie pas et qui aident à balayer la haine qu'on a en soi.

La vie m'a ainsi fait des cadeaux dont je n'ai remarqué la valeur que bien plus tard. Car au beau milieu de mes galères, ces personnes sont venues caresser mon cœur. Elles étaient belles dans leur cœur et dans leurs attitudes. Elles donnaient du beau sans en attendre en retour. Elles m'ont aidé sans que je le sache, sans que je m'en rende compte. Il n'est pas rare qu'on reçoive ou qu'on donne sans savoir. Un jour, on est tout surpris de voir une nouvelle fleur sortir de son cœur. On se demande bien d'où elle peut provenir. On se rappelle alors un mot, un geste passé. Semence reçue au hasard des rencontres, elle a germé dans le secret du cœur.

Beaucoup de gens pensent que c'est la galère tout le temps. Ils ne sont pas attentifs au positif dans leur vie. Ils ne remarquent pas les caresses qu'ils reçoivent. Tout est noir pour eux et ils broient du noir. À la longue, ils se fatiguent et fatiguent ceux qui les entourent. Quand ils passent les événements qu'ils vivent au crible de leur mémoire, ils laissent filer toutes les pépites pour ne garder que la boue ! Ils ne risquent pas de s'enrichir !

Quand quelqu'un me dit du mal de ses parents, je l'écoute d'abord avec beaucoup d'attention, sans le couper. Puis, parfois, je peux lui demander s'il n'y a pas eu au moins une bonne chose de leur part, et je lui partage mon expérience : « Tu vois, de mon père, je ne me souvenais que des coups. J'ai appris bien plus tard qu'il lavait mes couches à la main ! »

Si on s'accroche au petit truc qu'on voit de bien chez l'autre, on entrouvre la porte du possible.

Croire en la vie, c'est aussi rencontrer des gens qui aiment, donnent et mangent la vie. Ma femme m'a énormément donné le désir de croire en la vie. Elle a porté en elle la vie de nos enfants.

Elle sait, avec tact et délicatesse, me demander le meilleur de moi-même. Si je regimbe, elle patiente comme le « têtu », cet outil qui sert à tailler la pierre pour lui donner forme. Quand Martine me regarde avec son joli sourire, en disant : « Tim, attention, tu dérapes », elle ne m'enfonce pas, elle m'élève en me faisant confiance. Je peux alors lui apporter des bouquets de fleurs de mercis. Ce n'est pas facile, mais qu'est-ce que c'est bon d'y arriver, même avec du retard, même après avoir longtemps traîné les pieds !

Pour oser croire en la vie, il ne faut pas avoir honte des jalousies, des peurs, des larmes. Il faut s'approcher de ceux qui font envie dans le beau. Depuis le premier jour, la vie vous les réservait pour votre cœur, votre intelligence et votre mémoire. Chacun a été appelé à donner ce que d'autres ne pourront pas donner à sa place.

Oser croire en la vie, c'est pouvoir dire merci à travers un sourire, une attitude. Rien n'est dû. On devient un Rockefeller de l'imprévu.

Avant de croire en la vie, je l'ai subie avec des « pourquoi ? » et ensuite des « pourquoi pas ? ». Hier, on me disait que j'étais tordu et cela faisait mal. Maintenant, avec des bras grands ouverts, je dis merci, même pour mon passé ; car je ne peux pas être aujourd'hui sans avoir été hier.

Crise de foi

Je suis devenu croyant, chrétien. Je n'ai pas peur de le dire. Mais je ne suis pas un chrétien qui sait tout, qui a réponse à tout. Je fais autant de bêtises que ceux qui ne le sont pas. Surtout, je ne vais pas les embêter avec Dieu. Je préfère Le vivre dans ma vie de tous les jours plutôt que d'assommer les autres avec Lui.

Pour moi, la première prière que Dieu me demande, c'est de respecter l'autre et de tout Lui remettre du secret de mon cœur. Alors le matin, quand je me lève, je Lui confie ceux qui sont à la maison. Le soir, pareil. De temps en temps, je vais peut-être leur dire : « je vais prier pour toi » ou : « je vais penser à toi ». Mais je ne vais pas leur dire : « Je te confie à Dieu. »

Je me dis que je dois vivre de telle façon que ceux qui n'ont pas reçu la foi aient envie de me demander pourquoi j'agis comme je le fais. Alors seulement, je pourrai partager mon secret : « Mon moteur, c'est l'amour ; mon carburant : l'aide que je reçois du Bon Dieu. »

Témoigner de ma foi et partager mon amour de Dieu n'est pas évident. C'est un sacré programme loin d'être aisé. Il demande beaucoup de délicatesse pour ne pas faire peur. La foi est une richesse. On peut lui appliquer ce que Mamie Rothschild disait à ses petits-enfants concernant des richesses plus matérielles : « Il faudra vous faire pardonner d'être riches en faisant beaucoup de bien. » Cette Mamie Rothschild a semé du beau qui a germé et fructifié en donations, hôpitaux, écoles, parcs et autres fondations. Nous aussi, il faudra nous faire pardonner d'avoir la foi en faisant beaucoup de bien autour de nous.

Rendre témoignage de notre foi, c'est rendre Dieu vivant tous les jours, pas seulement les jours de fête. Si ceux qui aiment sont généreux, ils deviennent contagieux. En tant que croyant, on peut nous poser des questions pour lesquelles nous n'avons pas de réponse. Il ne faut pas alors nous fermer dans un réflexe de défense, mais nous ouvrir, chercher. Ceux qui n'ont pas la foi peuvent nous faire grandir alors dans l'amour de notre Dieu. Ils nous empêchent de nous endormir et de nous ennuyer. Nous pouvons devenir des portiers du beau.

On ne peut être dans le cœur de l'autre ni dans ses questions intimes, son rythme, sa pensée, sa mémoire. Partager l'amour de Dieu revient à jeter quelques graines dans un champ, dans un cœur. Mais le semeur ne fait que jeter les semailles. Ce qui se passe dans les entrailles de la terre reste caché à ses yeux. Il espère simplement que le mauvais temps ne va pas gâcher ce qu'il a semé. Il n'a plus qu'à attendre et à espérer. Le jour venu, la récolte peut surprendre et émerveiller le semeur.

Partager cet amour de Dieu, c'est surtout ne pas L'affirmer ou Le donner à tous vents comme des conquérants intolérants. Imposer Dieu à travers des « il faut » peut provoquer des « crises de foi ». Pour éviter qu'Il ne devienne indigeste, il faudrait que ceux qui L'ont rencontré soient délicats dans leur façon de Le partager. Pour éviter de brusquer son foie ou sa foi, il faut consommer modérément.

Nous pouvons dire, mais nous ne pouvons pas faire croire. Il faut laisser le temps de la digestion. Il faut aussi accepter de se heurter à une liberté qui peut dire non. Mais si nous sommes patients et pleins d'amour face aux « pourquoi » et aux « comment », si nous partageons Dieu au lieu d'avoir la mainmise sur

Lui, si nous évitons d'être des constipés de Dieu, alors Dieu pourra devenir vivant.

Si nous nous trouvons face à un excité de Dieu, qui a tendance à croire qu'on ne va à Lui que par des lignes droites, n'oublions pas de lui dire que Dieu préfère écrire droit avec des lignes courbes. Pour entrer dans le projet de Dieu, il faut alors prévoir de ralentir, contrôler sa vitesse. La maladie mystique n'est pas grave la première fois, mais il faut y prêter attention. Il est bon de se mettre sous la conduite d'un guide délicat et compétent, il est bon de partager avec d'autres usagers. Ils permettent une meilleure lecture de la trajectoire à suivre.

Dieu ne s'impose pas. Il se laisse recevoir et, comme tout invité sensible, Il aime les petits plats qu'on Lui mijote avec notre cœur. Il aime les invitations en tête à tête, en cœur à cœur, et ne dédaigne pas la cuisine épicée ! Il n'y a rien à craindre, on peut tout Lui donner. Il n'est pas difficile : Il a été élevé à la dure. Soyez simple avec Lui (Lui même est simple).

L'avoir à ses côtés détend, on se sent unique. Alors, quand vous pourrez, quand vous voudrez, n'ayez pas peur de L'inviter chez vous. Il n'est pas du genre à s'ennuyer et à vous ennuyer.

Je ne sais pas comment Il fait, Il m'étonnera toujours. Il a beaucoup d'humour. Du coup, cela Le rajeunit. Il ne vieillit pas d'un pouce. Il aime beaucoup voyager dans les cœurs.

Entrer par la petite porte

Pour sortir de ma galère de haine et de violence, je ne voulais pas entendre parler de Dieu au début, d'autant plus que les croyants rencontrés m'en avaient donné un goût amer. Ils disaient que Dieu était Père. Eh bien, s'il était comme le mien, qu'il reste sur sa planète ! Que Dieu était Amour. Où était l'amour de ceux qui, soi-disant, l'aimaient ? Ils mordaient comme des vipères : « Si tu fais cela, tu seras puni, tu ne l'emporteras pas au paradis. » Pour eux, j'étais un enfant du mal : « Tel père, tel fils... » Ceux qui jugent ainsi les autres au nom de Dieu deviennent des apprentis sorciers. Ils éloignent de Dieu et donnent la nausée.

Heureusement, j'ai rencontré de vrais amoureux de Dieu, ceux qui deviennent des instruments du beau. Ils font vivre Dieu par des actes de patience et d'amour. Ils n'attendent rien. Ils n'œuvrent pas dans la médisance ou la calomnie. Du coup, ils font entrer Dieu par la petite porte. Dans l'apprivoisement de tes blessures, tu as le droit de Le reconnaître et de L'appeler du nom que tu veux. Moi, je L'appelle le Très-Haut. D'autres L'appelleront l'Amour, la Providence, le Destin. Chaque personne blessée a le droit de s'en sortir avec l'aide de l'amour qui, au rythme de son rythme, s'appellera peut-être un jour Dieu.

L'amour, la providence, le destin est sur le chemin de toute personne enlisée dans la blessure du cœur et de la mémoire. Les personnes qui agissent au nom de leur Dieu font vivre l'amour et la providence. Elles accompagnent l'autre vers son nouveau destin. Elles sont assez nombreuses pour que celui qui reçoit ne se sente pas redevable. Elles ne nous sont pas supérieures mais toujours servantes.

Au bout de nombreuses années, on s'aperçoit que Dieu ne nous a jamais lâché. Par contre, Il nous a laissé libre de vivre. Il est si patient qu'Il a accepté qu'on ne puisse pas L'appeler tout de suite par son nom. Mais Il a su interpréter les intonations du cœur.

Toute personne a le droit de ne pas savoir que Dieu l'a aidée à s'en sortir, pour un jour avoir la grande surprise de le découvrir. Toute personne a le droit de s'en sortir, pas en raison de sa foi en Dieu, pas en croyant en Dieu, mais grâce à l'amour dispensé par d'autres. Il se peut fort bien qu'un jour tous ces amours reçus lui permettent d'entrevoir l'Amour et d'appeler cet Amour Dieu.

«Des câlins dans ton cœur»

Torchon et serviette

Ma première rencontre avec ma femme Martine reste gravée dans ma mémoire. C'était à l'Arche de Jean Vanier. J'étais allé voir un copain curé, le père Thomas Philippe, qui allait devenir mon ami[1]. Martine venait à l'Arche trois jours par semaine pour aider à l'accueil. Comme je faisais partie des accueillis, forcément, j'ai eu affaire à elle. Je suis tombé sur elle à la cuisine. Ni une ni deux, elle m'a embauché :

« Dis-moi, pourrais-tu aller chercher des coings dans le verger ? Ce serait sympa. »

Cela m'a horripilé ; je me suis dit : « Tu veux des coings ? Eh bien, tu vas en avoir ! »

Je me suis précipité dans le verger, furieux. J'ai secoué le cognassier, pris tous les cageots que j'ai pu trouver, les ai remplis à ras bord, et les ai empilés devant la porte de la cuisine qui donnait sur le jardin. Je me suis alors frotté les mains : « Voilà, coincée dans tes coings, ma belle ! » Mais tel est pris qui croyait prendre : j'avais oublié la porte qui donnait sur la cour. Martine avait continué à vaquer dans sa cuisine, nullement impressionnée par ma cueillette faramineuse qui bloquait la porte. Ça m'en a bouché un coin ! Je me demandais qui était cette « mégère » ! À cette époque-là,

1. Jean Vanier et le père Thomas Philippe (1905-1993) sont à l'origine de la fondation de l'Arche, en 1963, à Trosly-Breuil près de Compiègne. (*N.d.É.*)

je ne concevais pas de recevoir un ordre d'une femme. Avec le temps, comme les coings, j'ai mûri.

Ce même soir à table, je mangeais le nez dans mon assiette tout en la regardant à la dérobée. Tout le monde lui parlait et elle accueillait chacun. Elle souriait toujours. Le lendemain, elle m'a abordé en me saluant d'un « Bonjour, p'tit frère ». Je lui aurais bien donné une claque si elle avait été un garçon…

Quelques semaines plus tard, un samedi, en allant voir le père Thomas Philippe, je l'ai retrouvée. Durant la journée, je me surprenais à la chercher. J'étais même un peu triste quand je ne la voyais pas. Son écoute, sa délicatesse avec les autres m'énervaient, me chatouillaient les méninges. J'étais un peu jaloux de tous ces gens qui venaient se confier à elle, tout le temps. Elle était trop populaire à mon goût. Quand enfin j'ai pu la voir, elle était tout à mon écoute, toute disposée à entendre ce que je pouvais raconter. Cela aussi m'a irrité, et en même temps j'aimais bien… alors j'ai craqué : je me suis confié à elle. Le lendemain, j'ai eu honte de m'être délesté aussi facilement. J'avais l'impression de m'être fait avoir. Du coup, je me suis comporté comme un ours mal léché le reste du week-end.

On se voyait ainsi le week-end à l'Arche, jusqu'au jour où elle est partie en vacances en Grèce. Elle en est revenue toute bronzée et avec un cadeau. Mais quand elle me l'a offert, je me suis conduit comme un mufle : je l'ai envoyée sur les roses. Il faut dire qu'à cette période-là j'en voulais aux femmes. Je les trouvais retorses et je ne désirais pas tomber dans leurs filets. Quand je voyais qu'elles s'accrochaient à moi, quand elles commençaient à être gentilles avec moi, je me disais : « Non, non, si c'est pour me retrouver dans des situations ingérables. Surtout, je ne dois pas m'attacher pour ne pas souffrir ensuite. » Du coup, je mettais les gens à l'épreuve… très à l'épreuve. J'ai mis énormément Martine à l'épreuve. Quand elle était gentille avec moi, je me faisais plus bête, plus méchant, plus rustre que je n'étais.

C'est comme cela qu'un jour Jean-Bernard, un ami, m'a dit :

« Tim, tu sais pourquoi tu fais l'andouille quand tu es avec elle ?.... C'est parce que tu as peur de l'aimer... »

À ce moment-là, j'ai répondu très nerveusement :

« Non, non, tu racontes des conneries... »

En fin de compte, il avait raison, mais je ne voulais pas l'admettre. Aussi, le soir, en pensant à ce qu'il m'avait dit, j'ai chassé cette idée de mon esprit comme on chasse une mouche importune : « Non, vraiment, cette fille-là n'est pas pour toi. Tu sais bien qu'elle ne veut qu'un seul grand amour dans sa vie. Regarde-toi, avec la vie que tu as menée ! Non, non, on n'est pas du même square. Elle est trop bien pour toi. » En fait, je m'interdisais l'éventualité de l'aimer, j'étouffais mes sentiments. C'est bien plus tard que je me suis rendu compte que j'étais amoureux d'elle sans le savoir.

Je me suis envolé pour le Canada – où je suis resté dix-huit mois –, puis pour l'Italie et l'Autriche. Durant deux ans je n'ai donc pas vu Martine. Je suis resté cependant proche par courrier, même si je la considérais toujours comme quelqu'un d'inaccessible pour moi. Dans ma prière pour elle, je demandais simplement qu'elle trouve un bon mari.

Mais voici qu'un jour, sans trop savoir pourquoi, je me suis senti poussé à revenir à Paris. J'ai donc quitté Salzbourg le soir pour arriver à Paris au petit jour. À cinq heures du matin, je me trouvais devant l'immeuble d'une amie qui logeait dans un deux-pièces dans le XVe. J'ai sonné. Dans la joie des retrouvailles et malgré l'heure très matinale pour elle – mon coup de sonnette l'avait sortie du lit –, nous avons pris un petit déjeuner ensemble.

« Une certaine Martine te cherche. Une histoire d'appartement à arranger. Tiens, voilà son numéro de téléphone. »

À neuf heures, je l'ai appelée.

« Allô, p'tit frère, où es-tu ? À Paris ?

— Oui, dans le XVe. Je suis arrivé cette nuit. Tu as besoin de moi ?

— Oui, je refais mon appartement, rue Vineuse, près du Trocadéro.

— OK, j'arrive tout de suite. »

À dix heures, je m'engouffrais dans l'immeuble de Martine, montai à tout berzingue les escaliers, et sonnai. Martine m'a ouvert, m'a regardé, et m'a embrassé fraternellement. Elle m'a montré le boulot. Nous nous y sommes attelés. Toute la journée, j'ai peint, scié, poncé, monté des placards. En fin d'après-midi, alors que je me reposais, Martine m'a déclaré son amour. Elle m'a avoué que quand elle avait ouvert la porte le matin, elle avait eu un flash. Cette déclaration m'est tombée dessus comme on prend un parpaing sur la tête. Je suis resté complètement sonné. Pendant des mois j'avais prié pour qu'elle trouve un *bon* mari. Pas moi ! Aussi ai-je essayé de lui faire entendre raison :

« Non, non, non. Ça ne va pas. Tu déconnes. On n'est pas du même bord, pas du même milieu. Il ne faut pas mélanger les torchons et les serviettes… »

Mais rien à faire. Elle était sûre d'elle-même.

« C'est ton cœur que j'ai vu », me disait-elle.

En fin de compte, c'était une affaire mijotée par le Big Boss. Il n'y avait eu aucun plan de ma part. J'étais venu aider Martine pour l'appartement, c'est tout. Je n'avais pas du tout prévu un truc pareil ! Je suis heureux qu'elle ait osé le mélange. Dans une cuisine, le torchon est toujours à côté de la serviette.

« *Tu es vierge à mes yeux* »

À Martine je n'ai raconté mon passé que peu à peu. Je n'osais pas tout dévoiler tout de suite. Je pensais qu'elle m'abandonnerait, qu'elle aurait honte, qu'elle ne pourrait plus me faire confiance. Je m'attendais vraiment au pire. Mais ma femme est belle dans son cœur. Elle ne m'a pas jugé. Elle m'a regardé joliment et m'a dit :

« Tu es vierge à mes yeux et dans mon cœur, c'est ton cœur que j'aime. »

Je m'attendais à tout sauf à cela. Je me suis retrouvé à genoux dans mon cœur. Un grand frisson en plein été.

Ma femme a toujours dit qu'elle avait vu mon cœur en premier. Elle a discerné ce qui était beau en moi. Cela, je l'admire, car ce ne devait pas être évident à voir.

Parfois mon passé la surprenait ; mais sa tendresse de femme aimante n'a jamais failli. Son écoute n'a jamais été du pipeau. Les réactions de ma bien-aimée envers mon passé ont été comme un jet qui m'emmenait au loin, vers une destination intitulée « Invitation à vivre du nouveau ».

Déshabiller une bonne bouteille

Mon intégration dans ma belle-famille s'est faite avec beaucoup d'humour. La famille de Martine possède un joli pedigree dans l'histoire de France, et moi j'étais sans famille. Nous étions comme la Belle et le Clochard, alors cela déroute.

Les débuts n'ont pas manqué d'être folkloriques. Je ne savais pas comment m'habiller, comment me tenir. J'étais en retard sur tout. Je faisais tout comme les autres mais toujours en retard : un vrai singe savant. Du coup, j'étais sur le qui-vive tout le temps. C'était très éprouvant. De son côté, ma belle-famille a fait beaucoup d'efforts pour accueillir mes réactions inhabituelles.

Je n'aimais pas les repas. Aller à table était une torture. Rien que d'être confronté aux assiettes, aux fourchettes, couteaux, cuillers de toutes tailles et de toutes formes, aux verres alignés comme les Dalton, du plus petit au plus grand, je paniquais. Par la suite, j'ai appris les « bonnes manières ». Cela n'a pas empêché quelques bourdes de ma part. Ainsi, quand mon beau-père déshabillait une bouteille de bordeaux, il tournait autour comme autour d'une jolie fille, il parlait de la robe, de la cuisse, du bouquet... j'en passe... et au dernier moment, avant de verser le vin, il se demandait s'il n'allait pas avoir un goût de bouchon. Toutes ces simagrées me prenaient la tête ! Un jour, j'ai pris la bouteille, goûté le vin, et déclaré péremptoirement : « Il a un goût de bouchon... » Tout ça en un centième de seconde. Ça a jeté un froid... Bien plus tard, j'ai compris que si je me moquais de ceux qui mettaient un temps fou à déshabiller une bonne bouteille pour la savourer, moi, c'était la vie de famille que je ne savais pas déshabiller. Cela fait du bien de s'en rendre compte.

Moi, le nomade sans habitude de vie de famille, je ne pouvais rester à table jusqu'à la fin d'un repas. Lorsque je me sentais un peu trop sous pression, je quittais ma belle-famille pour aller parler aux vieux marronniers du jardin. Peu à peu, j'ai appris à rester en compagnie de la famille et à ne rendre visite aux marronniers que plus tard dans la journée.

Quand je suis entré dans ma belle-famille avec ses rites, ses convenances, je ramais. J'étais perdu. Je n'avais plus aucun repère. J'avais rêvé de la vie de famille, et voilà qu'elle me paraissait épouvantable ! Je rêvais de l'amour, et quand j'ai vu l'amour au jour le jour, ça m'a fait très peur. Je ne voyais pas l'amour, l'affection qui passait par leurs convenances, par leur éducation. Je pensais que c'était du faux, du théâtre. Je me croyais chez Molière. Pour moi, ils faisaient semblant de s'aimer. Il m'a fallu cinq ans pour y croire.

Ce qui m'était difficile aussi, c'était que ma femme était attendue. Elle était la fille de la maison. Mes beaux-frères étaient les fils de la maison. Et moi, j'étais comme un fils. Mais « comme », ce n'est pas pareil. C'est très dur à vivre quand on est orphelin. On remarque ce que d'autres ne peuvent pas voir : les complicités d'une maman envers son fils par exemple. Ses gestes de tendresse sont naturels, spontanés, parce qu'elle s'est penchée sur son berceau. Cela fait très mal à un orphelin parce qu'on se dit : « Moi, je ne l'ai jamais vécu et je ne le vivrai jamais. » Du coup, on reste sur la défensive, on n'a jamais le droit de se reposer. Étant sans famille, je devais faire tout le temps des efforts, des efforts avec ma femme, des efforts dans ma belle-famille. Jamais je ne pouvais me dire : « Voilà, j'ai des habitudes, je sais comment se range le sel, je peux aller me servir dans le frigo… » Je suis sûr que si j'avais eu une famille, ma femme aurait aussi fait des efforts pour s'intégrer à *ma* famille.

Faire briller les autres

J'appréciais beaucoup mon beau-père. Il a été très délicat avec moi. D'abord il a bien accueilli l'annonce de notre mariage. Au cours des années qui suivirent, lui et moi avons passé beaucoup de temps ensemble. J'ai vécu des choses avec lui que je n'avais pas pu vivre avec mon père. Je me sentais libre de lui poser des questions sur toute sa vie. On aurait pu croire que c'était impoli. Mais mon beau-père me répondait vraiment avec son cœur.

Il m'a beaucoup aidé, car au début je me sentais décalé avec mon métier manuel au milieu de cette belle-famille où les hommes avaient des « situations ». Je ne savais plus qui j'étais. J'étais fatigué. J'avais des complexes de tenue, de métier... la totale. Peut-être mon beau-père avait-il senti ce qui se passait en moi, parce qu'un jour, alors que nous nous promenions dans les bois, il m'a tenu le bras et dit :

« Vous savez, s'il y a quelqu'un pour qui je ne me ferai jamais de souci, c'est bien vous ! Quoi que vous fassiez, vous retomberez toujours sur vos pieds. Je n'ai aucune inquiétude, vous réussirez toujours. »

J'ai trouvé extraordinaire qu'il me dise ça, et j'étais sûr qu'il le disait sincèrement en plus, pas simplement pour me faire plaisir. Quand on est jeune marié avec une situation de simple apiculteur, cela fait un bien immense et donne confiance en l'avenir. Ce qu'il a fait pour moi, j'essaie de le faire maintenant pour mes enfants et tous les débutants hésitants que je rencontre. Quand je vois qu'il y en a un qui ne va pas bien, je me rappelle à quel point un tel encouragement m'a fait du bien.

Mon beau-père était très beau, à la fois physiquement et à l'intérieur de son cœur. Il priait beaucoup. Il était raffiné et d'une intelligence qui se mettait à la portée de tout le monde. Tout le monde allait lui parler, et il ne refusait personne. Un jour, je lui ai présenté une amie, une ancienne prostituée. Pour elle, j'étais devenu un frère. Du coup, ma famille est devenue sa famille et mon beau-père son « papi ». Ils avaient de longues discussions ensemble. Il était alors vraiment tout à elle (car la personne qui se trouvait devant lui était toujours unique pour lui. Il s'intéressait vraiment à elle). Il n'hésitait pas à aborder des sujets philosophiques et théologiques avec elle. De ce fait, elle se sentait valorisée. Son cœur et son intelligence pouvaient prendre le large, bien loin de la vie dans laquelle elle avait été obligée de plonger. Il a tellement su se mettre à sa portée qu'elle pouvait dire de lui après sa mort : « Avec Papi, nous philosophions. »

Mon beau-père était comme cela avec tout le monde. Il était un exemple dans l'art de voir le bien et de dire du bien. C'est la raison pour laquelle sa mort a été un très gros choc pour moi. Il y a des gens qui passent des heures à faire briller leur bagnole ou leur argenterie, lui il savait faire briller les personnes, que l'on fût manuel, artiste, politicien, juriste, infirmier... Il se passionnait pour toutes les disciplines. À son contact, on ne se sentait pas inférieur ni écrasé, on se sentait quelqu'un d'intéressant.

Si on me demande à qui je voudrais ressembler, je dirai : « à mon beau-père ». Je ne le copie pas, parce qu'on ne peut pas copier quelqu'un, mais je m'inspire de son exemple. Un homme qui va vers les autres, qui pose des questions, qui écoute, qui est délicat, qui se rappelle, qui fait que la personne en face de lui est unique. Pour moi, c'est là la vraie aristocratie.

Côtoyer des hommes comme lui, c'est grand. Mon beau-père, quelque part, était plus mon père que mon père de sang. Il n'avait pas d'âge à mes yeux. Son enthousiasme, sa foi, sa bonté, sa délicatesse me rassuraient, me réchauffaient. Par bien des aspects, il était comme un enfant, il savait se réjouir. Par malheur, celui que je me suis mis à aimer comme un vrai père est parti au Ciel un peu tôt. J'ai ressenti ce départ comme un vol. J'en ai beaucoup souffert. J'avais beau être croyant, j'ai fait la gueule au Bon Dieu. Mais je Le remercie d'avoir mis cet homme sur mon chemin.

J'ai perdu mon père la même année que mon beau-père. Je pense que ces deux décès m'ont donné la notion de la mort. Il m'a fallu ces deux grandes souffrances pour me faire réaliser que la vie est un bien précieux mais que la mort l'est aussi, que ce n'est pas une fatalité, qu'il faut l'accompagner autant que la vie.

Bouquets de fleurs

J'essaie tous les jours d'offrir au moins un bouquet à ma femme. Ce n'est pas toujours facile. Mes bouquets ne sniffent pas, mais ils ne se fanent pas : ce sont mes efforts.

J'avais peur d'être un mauvais papa. Au début, pour ne pas faire trop d'erreurs, je laissais Martine se débrouiller toute seule, je déléguais. Elle m'a rappelé que les enfants, nous les avions attendus ensemble, et je me suis risqué sur le sentier de l'éducation. Mais n'ayant jamais eu un vrai papa, je ne savais pas comment agir en vrai père. Il m'a fallu apprendre sur le tas, avec l'aide de Martine. Il m'arrivait d'autoriser ce qu'il aurait fallu interdire, et l'inverse. Je pouvais engueuler mes enfants pour une bêtise avant même de les écouter. Lorsque cette bêtise s'avérait avoir été accidentelle, j'étais bien embêté d'avoir réagi aussi vite. Grâce au dialogue entre Martine et moi, j'ai pu réduire les extrêmes que sont ne rien faire et trop en faire.

J'étais un apprenti de la vie quotidienne. Me lever de table pour chercher un plat ou un couvert oublié, débarrasser la table après le repas, tout cela ne m'était pas naturel. Décrocher le téléphone, remplir les papiers administratifs, répondre au courrier, je le déléguais facilement à Martine par principe phallocrate. Mais vivre en couple, c'est aimer aussi à travers la délicatesse, l'attention à l'autre. Pour que la vie à deux et à plusieurs soit plus agréable, il faut jeter au loin ses principes machistes d'opérette. Cela ne m'a pas été facile à admettre.

C'est là qu'interviennent les vrais amis. Bruno est tout le contraire de moi. Esprit cartésien, belles études, joli métier. Son intelligence me prenait la tête. Un jour, au cours d'un dîner ensemble, lui et sa femme nous ont parlé avec confiance de leur problème d'harmonie de couple. Intérieurement, j'étais gêné. Je me disais qu'on ne raconte pas ces choses. En fait, ils me touchaient sans le savoir. Ce jour-là, j'ai découvert que cet ingénieur était au même niveau que le petit apiculteur que je suis. Tous deux, Bruno et moi, nous devions faire des efforts pour mieux aimer nos femmes. Elles avaient toutes les deux de jeunes enfants, moins de temps pour nous, et la fatigue en plus. Du coup, la tendresse, la sexualité étaient en baisse et les sautes d'humeur en hausse. C'est là que les bouquets de fleurs de nos efforts rehaussent les cours à la baisse. Aider nos femmes dans les actes quotidiens, faire la vaisselle, ranger la salle de bains, aider à habiller ou à laver les enfants, passer un coup d'aspirateur, tout cela est le bouquet qui parfume nos amours. La simplicité et la confiance de nos amis nous ont aidés. Je ne me suis plus senti seul dans mes efforts pour mieux aimer ma femme. Je pensais à Bruno qui, à huit cents kilomètres, faisait les mêmes.

Nous avons la chance d'avoir des amis pas ordinaires. Bien des fois, à l'occasion d'un repas ou d'une promenade, on s'écoute, on se donne des idées de bouquets.

Un petit secret : un effort qui paraît naturel à l'un ne l'est pas pour l'autre. On ne dira jamais assez à voix haute le beau que l'autre a fait.

Les efforts sont comme les fleurs. On les cultive pour pouvoir les offrir à ceux qu'on aime.

Quand deux êtres se labourent…

Des jeunes souvent me demandent : « Pourquoi vous êtes-vous marié ? » Pour moi, ne pas m'engager aurait été un refus de vivre. Il n'y avait que deux solutions pour l'enfant de la colle que j'étais : soit je continuais de vivre à la colle – mais je savais ce que ça donnait –, soit je choisissais de construire quelque chose de nouveau.

Quand j'étais petit, j'ai été abandonné par ma mère. L'angoisse d'être abandonné de nouveau influait sur beaucoup de mes comportements. C'est pour cela que je ne m'attachais à aucune femme, par peur de souffrir.

Mais quand l'amour s'est faufilé entre Martine et moi, elle m'a partagé son rêve de petite fille : un amour qui ne stagne pas, qui grandisse toujours, et qui ne finisse jamais, un amour pour l'éternité. Au fond, je faisais le même rêve ! Et dans ces conditions, j'ai foncé.

Je vois le mariage comme un grand champ. Il faut d'abord labourer, apprendre à se connaître, frotter ses différences. Comme ce sont deux êtres uniques qui se rencontrent, ils se labourent dans leur différence. Mais ce n'est que la première étape. Ce qui est beau, c'est le projet après le labour : les semailles, la récolte. Avec les semailles, chacun sème l'amour dans le cœur de l'autre. Et avez-vous jamais vu un paysan s'arrêter au labour ou aux semailles, sans récolter ?

Au début de notre mariage, nous avons rencontré des vieux couples désabusés qui nous affirmaient : « Oui, vous vous aimez maintenant, mais vous verrez plus tard... » Et effectivement, ils nous parlaient de certains problèmes comme d'une montagne insurmontable. Après coup, on a vu que leurs problèmes se résumaient en fait à un seul : l'absence de communication. Ils ne prenaient pas le temps de se parler, ils n'y arrivaient pas.

Avec Martine, nous avons toujours pris le temps. Régulièrement on s'est invités au restaurant, pas pour le restau, mais pour ne pas être dérangés, pour être tout à l'autre. Il n'y a pas que les bonnes affaires qui se règlent au restaurant, il y a aussi les belles amours.

Une fois où nous étions fauchés, c'est même une amie qui nous a offert notre dîner en tête à tête.

Ainsi, nous avons toujours pu nous dire ce qui allait ou n'allait pas et nous demander pardon. Les petits détails du quotidien qui sont comme des poisons n'ont pas pu s'accumuler pour faire une charge de dynamite.

Nous savons bien que nous sommes imparfaits. Beaucoup de gens entrent en déprime ou en souffrance parce qu'ils ne se sentent pas parfaits. Ils veulent tellement l'être qu'ils n'acceptent ni leur imperfection ni celle des autres. Alors tout va mal. Ils s'en veulent, puis s'en veulent de s'en vouloir, et ils entrent dans un cercle vicieux, dans une spirale sans fin. Or ce qui compte dans l'amour, c'est de se parfaire. C'est très différent. Il est bien moins difficile de se parfaire que d'être parfait. En amour, il nous est simplement demandé de faire un petit pas de plus chaque jour pour se parfaire, l'un pour l'autre, l'un par l'autre.

Être père…

Être père, pour moi qui n'en ai pas eu, est un cadeau si grand que les mots pour le dire sont bien petits.

La peur d'être un mauvais papa m'a souvent hanté. Un jour, Martine m'a dit :

« Tu devrais t'excuser auprès d'Églantine, tu n'as pas été juste. »

Effectivement, je n'avais pas été spécialement gentil avec ma fille de douze ans.

« Oui, oui, je ferai mieux demain », répondis-je.

Une façon de dire que je me rattraperais. Mais cela ne réparait pas la peine d'Églantine.

Ce même soir, j'étais à la messe. On a prié pour la paix. Alors j'ai réalisé que j'étais un salaud, un hypocrite. Je priais pour la paix dans le monde et je n'étais même pas capable de la faire dans ma propre famille. En rentrant, je suis allé immédiatement frapper à la porte d'Églantine pour lui demander pardon. Je peux vous dire que c'est plus dur que la bastonnade. Églantine m'a écouté, m'a tendu les bras, m'a embrassé et m'a dit :

« On s'aime, papa… »

Elle m'a dit cela avec un son, un regard tellement touchants ! Lorsque j'ai quitté sa chambre, ma petite fille m'avait délivré sans le savoir de la génétique « tel père, tel fils ». C'est encore ce soir-là que j'ai compris que je n'étais pas sur terre pour reproduire mais pour innover.

Depuis ce jour, mes peurs d'être un mauvais père sont moins grandes. Il n'existe pas de manuel pour apprendre à être un parent idéal. Il faut apprendre à se parler, se donner mutuellement les modes d'emploi, partager la météo de son cœur. Quand on ne sait pas comment être ce qu'il faut être, au moment où il faut l'être, pourquoi éviter d'en parler avec nos enfants, notre femme, nos parents, nos amis ?

Dans notre monde sophistiqué, on sait communiquer par téléphone, par satellite ou par Internet. On peut même vous demander s'il fait beau chez vous depuis des centaines de kilomètres. Mais s'il fait beau dans votre cœur à vous, ça, on oublie souvent de vous le demander.

Vivre la paternité, c'est comme faire du 4x4. Parfois on vole, parfois on s'embourbe. Quand ça arrive, il ne sert à rien de persister. Il vaut mieux sortir de son 4x4, prendre du recul, considérer la situation, et demander de l'aide si c'est nécessaire. Eh bien, la vie de famille, c'est pareil, il faut savoir demander de l'aide.

Aimer ses enfants, c'est fou ! Chaque enfant est comme une île vierge qu'il faut apprendre à découvrir avec les yeux, les gestes, les sons, avec l'approche la plus appropriée pour ne pas faire peur. Chaque enfant est unique et m'apprend à devenir père. Être père, c'est immense et en même temps déroutant.

Une fois, mon deuxième enfant, Lionel, avait fait une bêtise, mais il n'était pas venu me le dire. Il avait quatorze ans : un vrai ado difficile à aborder. Je suis quand même allé le voir pour une explication. Pour le mettre en confiance et l'amener à avouer, je lui ai affirmé :

« Tu sais, si tu me dis la vérité, je ne te punirai pas. »

Malgré cette promesse, il m'a donné une réponse qui ne sonnait pas juste. Je n'ai pas insisté et je me suis retiré. Mais j'y pensais la nuit. Cette histoire me tracassait. Pourquoi m'avait-il menti malgré ma promesse de ne pas le punir ? Le matin, nous sommes partis en voiture ensemble.

« Lionel, je sais que tu m'as raconté des carabistouilles. Mais c'est peut-être ma faute. Dans ce cas, dis-le-moi : ton papa n'est pas parfait, il veut bien faire et parfois il se goure... »

Silence entre nous. Puis, avec un courage de mercenaire, il me dit d'une voix émue :

« Oui, je t'ai raconté des crasses : cela m'arrive malgré moi... parce que tu me fais peur parfois. »

Je sens mon estomac se nouer.

« Quand, par exemple ?

— Quand j'avais dix ans, après une finale de tennis perdue, tu m'as sévèrement engueulé... »

Je me suis alors rappelé que j'avais déraillé à l'époque. Je l'avais engueulé pour avoir perdu sa finale alors qu'il avait joué de son mieux face à quelqu'un vraiment plus fort que lui. J'avais été vexé qu'il perde. J'avais oublié que le tennis n'est qu'un jeu. Je lui ai alors demandé pardon de tout mon cœur à retardement :

« Ton papa t'aime, et si tu me vois dépasser la ligne blanche, dis-le-moi, je ne veux pas recommencer. »

Il avait fallu un courage et un cœur exceptionnels à mon fils pour me confier qu'il avait eu peur de moi.

Je me suis alors rendu compte que nous, les grands, les adultes, nous sommes parfois des géants qui font peur. Les enfants ne veulent pas nous décevoir. Lorsqu'on les accule dans une impasse, ils racontent des histoires. C'est le seul moyen qu'ils trouvent pour s'en sortir. Depuis ce jour, j'ai tout fait, avec l'aide de mes enfants, pour ne plus les mener vers des impasses.

Chacun de mes enfants m'apprend à dire « oui » à l'imprévu qu'est la folie d'être papa. Mon désir à tout prix d'être un bon papa les a déroutés. Car en ne voulant pas que mes enfants vivent ce que j'avais vécu, j'ai parfois été excessif. J'avais peur de les laisser libres d'aller chez des amis, de voyager seuls, surtout les filles. Grâce à ma femme, à sa patience, à sa diplomatie, à son amour, j'ai largué peu à peu mes peurs. J'ai accepté que ma fille aînée parte en Irlande et aux États-Unis. C'est bon de faire confiance.

Quand ma deuxième fille, Katéri, m'a demandé d'aller en pension à six cents kilomètres de chez nous, j'ai trouvé cela fou ! Je n'étais pas papa pour laisser ma petite fille de onze ans en pension ! Katéri m'a écrit une lettre magnifique qu'elle a déposée sur notre lit :

« Mon papa, je veux aller en pension. Ne crois pas que c'est parce que tu es un mauvais papa. Tu es un bon papa et je t'aime très fort... »

Même avec une lettre si jolie, mon cœur restait verrouillé.

J'en ai parlé à une religieuse contemplative qui est pour moi comme une mère secrète, une femme à la fois toute donnée à Dieu et profondément humaine. Elle m'a écouté, elle s'est enracinée dans ses pensées, et m'a raconté qu'elle aussi avait demandé à ses parents à neuf ans d'aller en pension, que cela démontrait un caractère fort, qu'il ne fallait pas en demander les raisons à Katéri, que cela ne s'expliquait pas toujours. Elle m'a rassuré. Je suis rentré à la maison en paix. Katéri est allée en pension et je ne le regrette pas.

Avec mon quatrième enfant, Timothée, maintenant âgé de cinq ans, tout me paraît plus facile. Je savoure chaque moment passé avec lui. Je suis plus calme, plus patient. Quand je suis absent de la maison pour mes témoignages, c'est dur de ne pas le voir. Un jour, alors qu'il avait quatre ans, il a laissé un message sur mon téléphone portable : « Papa, tu fais quoi ? Je suis triste que tu sois pas là. » Et après une quantité de bisous et un court silence : « Je te fais des câlins dans ton cœur, papa. » Quand j'ai raccroché, j'en étais tout retourné. J'ai écouté son message pendant sept jours. Puis j'ai écrit ces mots sur mon cahier pour ne pas les oublier.

Être papa quand on n'en a pas eu, ce n'est donc pas impossible. Il faut être un mendiant, demander, prendre et essayer… On peut essayer des fringues, des bagnoles, un canapé. Être père, c'est essayer tout ce qui peut créer la confiance.

Quand je végétais à l'hôpital, quand je souffrais dans les maisons de correction et dans la rue, je n'avais jamais imaginé qu'un fils m'adresserait un jour une aussi jolie phrase : « Papa, je te fais des câlins dans ton cœur. »

« Vos enfants grandiront à la mesure de votre amour »

Alors que Martine attendait notre premier enfant, nous avions rencontré Marthe Robin, la fondatrice discrète des « Foyers de Charité ». À cette occasion, elle nous fit don d'une petite phrase magique. Je lui avais avoué que j'avais peur d'être papa. Elle avait ri. Puis elle nous avait répondu : « Vos enfants grandiront à la mesure de votre amour. » C'est tout. Quand je rencontre des gens qui me confient leurs problèmes, je me dis que Marthe Robin n'a pas dit ça que pour nous. Cette phrase a eu un tel impact dans mon cœur, elle était porteuse d'un tel capital-confiance, que j'ai pensé : « Il faut que je la transmette aux autres. »

Chers futurs parents, chers jeunes qui allez vous marier, plus vous vous aimerez, plus vos enfants seront témoins de votre amour, et plus vous allez leur éviter des angoisses, plus vous allez augmenter leur capital-confiance. Ils n'auront pas l'angoisse de se demander si papa et maman vont se séparer, ou si papa et maman s'aiment. Du coup, ils ne seront pas atteints dans leur capital-confiance. Vous les porterez vers la liberté et non vers la prison. Cela ne veut pas dire qu'on n'a pas le droit d'être imparfait en tant que mari ou femme. Mais ce droit d'être imparfait n'enlève pas le droit de montrer qu'on s'aime. L'imperfection n'est pas grave si l'amour est présent et si l'on se demande pardon. Elle est même un bien, car les enfants peuvent se dire :

« Papa et maman ne sont pas parfaits, mais ils tendent à s'aimer. » Du coup, eux, plus tard, sauront qu'ils ont le droit d'avoir un amour qui n'est pas parfait mais qui tendra toujours à mieux. En faisant ainsi, on arrête les peurs.

Il est un autre lieu générateur de peurs, c'est le domaine affectif et sexuel. À mon avis, notre société ne prépare pas les jeunes à la réalité du mariage. On devrait les avertir de plein de choses quand ils se marient, mais peu le font. Personne n'informe des combats intérieurs qui seront à vivre. Je ne parle pas de ceux qu'on veut vivre, qu'on est prêt à affronter, mais de ceux qu'on n'a pas prévus et qui peuvent semer la zizanie. On peut être fortement surpris, une fois marié, d'être confronté à des combats autres que ceux auxquels on s'attendait. Au lieu de les vivre, de les affronter, de les surmonter, on peut être tenté de les fuir. Moi, j'aurais voulu être averti de certaines choses. J'aurais gagné beaucoup de temps. J'aurais été moins désagréable en certaines circonstances envers Martine.

Pour donner un exemple personnel : au début de mon mariage, j'étais tout à ma femme et elle toute à moi. Puis d'un seul coup, il y a eu l'attente du bébé. Alors, durant la grossesse, Martine savait tout. C'est elle qui portait, c'est elle qui ressentait. Elle disait « il bouge », je mettais la main, et je sentais qu'il bougeait. J'avais de la chance ! Une autre fois elle disait « il bouge », je mettais la main, et il ne bougeait pas... Trop tard. Et ainsi, j'étais témoin de tout en retard. C'est frustrant...

Après les neuf mois d'attente, mon premier enfant était là, et d'un seul coup Martine a dû se partager entre Églantine et moi. C'est-à-dire que le temps d'attention, le temps de tendresse était en diminution. Elle n'était plus toute à moi.

Je ne m'attendais pas à un tel combat. Des situations comme celle-ci sont mauvaises parce qu'elles génèrent des tensions en soi-même et dans le couple. Elles donnent l'occasion de faire de la peine et font perdre du temps dans la confiance. C'est pour cela qu'il faut faire l'éducation affective, sensuelle, sexuelle de ses amis, des jeunes, de ses enfants, pas pour abîmer l'amour mais pour le faire briller. C'est ce que j'essaie de faire parce que j'en ai souffert.

À l'article de la Vie

Peu de gens connaissent l'heure de leur mort, à part les condamnés et ceux qui prennent la décision d'arrêter de vivre. Et encore, ils peuvent se tromper, les uns en ratant leur suicide, les autres en étant graciés ou en voyant leur exécution reportée à plus tard.

La naissance et la mort sont des moments privilégiés. Ils nous accueillent chez eux sans envoyer de cartons d'invitation. En passant par chacune de ces deux portes, celle de la naissance comme celle de la mort, nous nous lançons dans une aventure où tout est à découvrir.

Un jour, un élève d'une classe de philosophie m'a demandé :

« Si on vous annonçait que vous allez mourir dans un quart d'heure, que feriez-vous ? »

Je n'avais jamais songé à une telle question, car je suis plutôt dans l'instant présent et dans la logique du « avec des si on coupe du bois ! ».

Plus jeune, quand la vie n'avait pas de saveur, j'aurais fait une grosse bêtise pour chercher à ne pas être oublié. Maintenant, je suis un mari, un papa, j'ai de vrais amis. Je suis heureux. Ce n'est plus pareil. Je vis le beau au quotidien. C'est un cadeau sublime. Mais comme j'ai eu un début de vie difficile, je crains souvent que le beau ne dure pas. Aussi, je bataillerais dur pour qu'il puisse durer jusque dans ma mort.

Si j'avais le temps, j'écrirais une belle lettre commune où je dirais merci pour les beaux regards et les beaux gestes et tout ce que j'ai reçu du cœur de chacun.

J'écrirais d'abord à ma femme Martine qui s'est engagée, malgré nos différences, sur le chemin du mariage. Ensuite à mes quatre enfants, Églantine, Lionel, Katéri et Timothée, pour m'excuser de ne pas avoir été un papa parfait et les remercier de m'avoir aidé à me parfaire. Je suis à genoux dans mon cœur devant leurs beaux et bons cœurs. Mais là, je ne vous dis pas tout ce que je leur écrirais.

J'écrirais aussi à mes amis, si différents de milieu, de culture. Ils m'ont donné la possibilité d'innover et de me sentir moins seul dans le combat.

J'écrirais enfin à tous les jeunes que j'ai eu la chance de rencontrer, les orphelins, les délinquants et tant d'autres. Chacun m'a donné l'envie d'aimer. Grâce à vous, j'ai vu que la souffrance n'était pas une question de milieu. Je vous aime si fort chacun. Que l'espérance du beau vous habite.

Je regarderais la nature, les animaux qui m'ont été quotidiennement importants.

Si c'était le soir, je plongerais mon regard dans le ciel étoilé. Quand je le regarde, il me projette dans un remerciement à l'Infini que j'appelle le Très-Haut.

Les quelques minutes qui me resteraient, j'aimerais être devant la Présence Réelle, ou une petite croix qui me rappelle que la vie est un cadeau si précieux que j'aimerais m'abandonner à Celui qui a connu la vie, la mort, puis la Vie, pour Lui donner la main et mon cœur, pour ne pas me perdre, car je ne connais pas le chemin.

Un petit secret : je suis un tel gourmand de la vie ! Je vous aime tant ! Qui sait si je n'aurais pas envie de rester avec vous sur la Terre ? Admettons donc que, pour éviter tout désir de retour en arrière, j'aurais fait un deal avec tous les saints du Ciel, les connus et surtout les inconnus, pour qu'ils m'aident à m'abandonner « le plus beau possible ». Une fois de l'autre côté, « Coucou ! », je vous attendrais.

Et n'oubliez pas que de la source naissent les ruisseaux, les rivières, les fleuves pour se jeter dans la mer. Tout vient de la source.

Des princes qui s'ignorent

« Est-ce à cause de moi que mes parents se sont séparés ? »

Nombre des jeunes qui viennent à la ferme proviennent de familles éclatées. Ils se sentent responsables de ce que vivent leurs parents. Un poids énorme pèse sur leurs épaules, qu'ils ne devraient pas porter. Voici une lettre adressée à l'un de ces jeunes plongé dans la culpabilité :

« Tu me demandes si c'est à cause de toi que tes parents se sont séparés. Non, je peux te le certifier, en tant qu'enfant, tu ne peux pas être la cause de la séparation de tes parents. Tu as l'impression de l'être, mais cela n'est pas équivalent au fait que tu le sois. Tu es en droit de comprendre que *tu ne peux pas* en être la cause, quand bien même tu le ressens autrement. S'il se trouve qu'on t'a affirmé que tu étais la cause de cette séparation, on t'a menti, on a voulu te faire porter le chapeau. Car la cause d'une séparation est dans le cœur-à-cœur des parents, dans leur relation. Elle n'est ni toi, ni en toi, ni dans les bêtises que tu as faites.

« Sur cette Terre si grande, tes parents se sont rencontrés. Ils ont décidé à deux de s'engager et de construire un avenir. De leur rencontre tu es devenu un cadeau, une surprise. Tu t'es fait attendre et toc-toc, tu es arrivé. Tu es l'enfant des deux. Toi, tu es la mémoire de leur engagement. Car dès que deux êtres se rapprochent, ils s'engagent. Cet engagement peut être limité dans le temps ou durer. Ce peut être un simple engagement du corps et non du cœur, mais c'est toujours un engagement.

« À ton âge d'enfant, tu n'es pas là pour porter les grands. Aucun enfant au monde n'est conçu pour porter ses parents du haut de ses huit, dix ou seize ans. Plus tard, quand ils seront vieillissants, d'accord. Mais avant que tu ne sois adulte, non. L'adulte est celui qui décide, qui s'engage, qui réalise. L'enfant, lui, apprend à grandir. Pour pouvoir apprendre, il a besoin d'avoir en face de lui des adultes. C'est ce rôle que nous, les adultes, devons avoir. Si des enfants apprennent mal, c'est qu'on leur apprend mal les choses. Il arrive que des adultes aient peur de l'être. Du coup, ils ne se comportent pas en adultes qu'ils devraient être, mais en enfants qu'ils ne sont plus. Ils peuvent avoir du mal alors à te protéger, toi, leur enfant, à t'éveiller, te réconforter, te rassurer, te donner confiance avec des "c'est super ce que tu fais !", te donner des limites pour t'éviter de déraper avec des "attention à toi !". Mais n'oublie pas que ta vie reste et demeurera un cadeau sans prix.

« Pour nous, les parents, le développement de l'amour ressemble à la pousse d'un arbre. Les racines, ce sont les projets d'avenir. Les branches et les fleurs, c'est le beau fait ensemble. Un arbre a besoin d'attention et ne se plante pas n'importe où. Pour qu'il n'ait pas trop de prise au vent, il faut l'alléger de ses branches mortes, alors il dansera de générosité en donnant de nouvelles floraisons.

« Mais cet arbre peut se casser, tout comme l'amour des parents. Ils ont peut-être gardé des blessures du passé en eux qui les paralysent. Et puis tous les parents se blessent mutuellement, même sans le vouloir. Ces blessures provoquent des incompréhensions, des silences assassins, des non-pardons. La sève s'échappe alors des blessures au détriment de l'arbre tout entier.

« Toi, tu es le témoin de la blessure de tes parents, de leur bagarre, de leur fuite au-dehors, mais ce n'est pas ta faute. Au contraire, tu es le beau qui reste de leur amour.

« Tu es blessé par la séparation de tes parents. Mais c'est ce que tu fais de cette blessure qui importe. Les arbres greffés sont aussi des arbres blessés. Et pourtant, ce sont eux qui donnent les plus beaux fruits. Toi, ne laisse pas la sève s'écouler en pure perte de ta blessure. Plantes-y un greffon. Tu es en attente pour la floraison, ne l'oublie pas. Utilise ces moments d'épreuve incompréhensible pour chercher à innover. Alors tu ne reproduiras pas. Tu donneras ton mode d'emploi à ceux avec qui tu voudras faire du beau. Un jour, tu auras la grande joie d'entraîner tes enfants, tes amis, tes voisins vers le beau. »

Secret livré à des géants

Des enfants subissent des violences de leurs parents. Avant même de confier leur secret à un grand adulte, ils le livrent à un ou une ami(e). Ce n'est pas simple alors pour cet(te) ami(e) de savoir quoi faire. Une jeune fille me demande :

« Comment aider une amie qui subit des violences de son père ? »

Je ne peux que donner des bribes de réponse et lancer ce message qui vaut pour tous ceux qui reçoivent les premières confidences de ces jeunes blessés :

« Il faut beaucoup aimer cette amie qui se confie à toi. Si tu l'écoutes avec attention, le dialogue va s'installer. Ton amitié deviendra un lieu de repos, de refuge. Par l'échange, tu pourras l'amener à porter plainte ou l'accompagner vers une personne compétente dans le droit des enfants. Mais si elle n'est pas encore prête, surtout ne fais rien. Surtout ne la trahis pas. Ne fais jamais rien dans son dos, sans son accord.

« Il faut être attentif à celui qui souffre, le laisser libre de te demander un coup de main à son rythme à lui, et surtout ne jamais lâcher du cœur celui auprès de qui on s'est arrêté. Il faut l'accompagner pendant, et encore plus après. Quand un enfant, mais aussi un adulte, est suffisamment en confiance et fort pour déposer une plainte, l'épreuve ne fait que commencer pour lui. Car la justice est malheureusement comme un énorme bouchon. Il y a tellement de dossiers en cours que l'attente est longue, les mêmes questions répétées plusieurs fois. Ce marathon maintient la souffrance indéfiniment à fleur de peau. Pendant cette longue période, il est dur de croire à demain. »

Les grands adultes sont souvent des géants pour les enfants blessés. Les géants attirent mais ils peuvent aussi faire fuir. Un son de voix qui fouette peut faire que l'enfant blessé se terre comme un gibier devant le chasseur. Tous ceux qui accueillent des enfants en souffrance (policiers, juges, éducateurs, etc.) devraient travailler le son de leur voix, première pierre sur le chemin de l'apprivoisement du secouru.

De pression en dépression

À la fin d'une conférence, un garçon s'est présenté à moi :

« Pourrais-je vous voir à la sortie ? »

Hors du bahut, nous nous sommes baladés ensemble. Il m'a raconté sa vie de souffrance. Je l'ai invité à venir nous voir le week-end du 1er janvier. De nombreux jeunes très différents devaient se retrouver à la maison et je sentais que cela pouvait lui faire du bien.

Un mois plus tard, Sylvain est arrivé, son sac de soucis sur le dos. Je l'ai écouté. Une phrase revenait dans son récit comme un refrain : « J'ai été abandonné par ma famille. » Quand il eut terminé, je lui ai demandé :

« Tes deux parents t'ont abandonné ?

— Oui.

— À quel âge ? »

Et là, au lieu d'une réponse claire, il est parti sur un autre récit. Ses parents étaient bien vivants, mais l'« abandon » dont il faisait mention était autre que celui que j'imaginais.

« J'ai toujours fait plaisir à mes parents. J'ai toujours été dans les premiers de ma classe, en primaire, au collège et au lycée. J'ai fait la prépa qu'ils avaient choisie pour moi. Je suis entré dans une école d'ingénieurs, que je viens de réussir…

— C'est super !

— Mais ce n'est pas ce que je voulais faire ! maugréa-t-il. Je veux me lancer dans un autre métier…

— Lequel ?

— Je ne sais pas… »

Et il reprit son refrain : « Ils m'ont abandonné. »

Étant parent moi-même, je sais bien qu'il n'existe pas de manuel du parfait parent, qu'il ne peut y en avoir un puisque chaque enfant est unique et chaque parent aussi ! Ce qui est bon pour l'un peut s'avérer mauvais pour l'autre. Aussi dis-je à Sylvain :

« Tes parents ne sont pas tout sombres. Il a bien dû y avoir des éclaircies ?

— Non, ils ne pensaient qu'à mes résultats. Toujours travailler, travailler. Je ne devais pas rater mes études car ils s'étaient sacrifiés pour moi. Certes, ils ont été fiers quand j'ai intégré la prépa, et ils m'ont félicité, mais rapidement la pression a été encore plus forte qu'avant. Je n'étais jamais comme il faut pour eux. Lorsque j'ai décidé de ne pas rentrer à la maison le week-end afin de mieux travailler et de souffler un peu ailleurs que dans le train, ils n'ont pas voulu me faire confiance et ils m'ont coupé les vivres. Et quand je les avais au téléphone, ce qui les intéressait, c'étaient les notes. Maintenant que j'ai terminé mes études, je croyais que j'allais enfin être libre. Non, ils ont fait pression pour ma recherche de travail. Et là, j'ai pété un câble. Je ne veux plus les voir.

— Et tu as trouvé du boulot ?

— Non. »

C'était l'heure d'aller à table. Je lui ai promis qu'on reprendrait la conversation plus tard. La table était remplie de gens de toutes sortes. Sylvain s'est intégré sans problème et a fait la vaisselle avec les autres. Ils ont bien échangé.

Sylvain présente bien. Il est intelligent, mais à la porte de la déprime. Depuis la fin de ses études, il vagabonde chez les uns et les autres. Il n'a plus de logement et il lui est arrivé de dormir dehors. Il se croit capable de rien et s'est convaincu que tout boulot s'obtient par piston : « Si tu n'as pas de relations, c'est foutu », m'a-t-il dit.

Pendant son séjour, une chose m'a frappé: il disait souvent: « Voulez-vous que je vous aide ? » et il restait là, figé comme un bonhomme de neige. Un jour, j'ai eu l'occasion de soulager quelqu'un aux bras bien chargés devant Sylvain. J'en ai profité pour le prendre à part et lui expliquer comment devenir un vivant relationnel:

« C'est déjà bien de remarquer que quelqu'un peut avoir besoin de ton aide, mais tu vas devenir actif et non passif en apprenant à passer de l'interrogatif "voulez-vous que je vous aide?" à l'affirmatif "je vous aide". »

Le jour même, je l'ai vu appliquer mon conseil. Je l'ai félicité pour qu'il prenne confiance. L'encouragement à voix haute est un médicament qui ne coûte pas cher à la Sécu.

En quittant la maison, il avait de bonnes résolutions. Quelque temps plus tard, j'ai reçu une jolie lettre de lui, envoyée d'Angleterre avec une boîte de caramels anglais. Les kangourous ne sont pas les seuls à avoir le droit de rebondir !

Sylvain avait été mené au bord de la déprime par ses études et la chape de plomb qui pesait sur lui. Cela aurait pu être beaucoup plus grave. Pour bien apprendre et digérer un long parcours d'études, les plages de détente sont indispensables. Quand Sylvain aura digéré sa nouvelle vie, il pourra la partager avec ses parents.

Famille et société

Être parent, c'est être éducateur; et être éducateur, c'est tirer vers le beau. Les enfants ne nous appartiennent pas. Ils nous sont confiés. Comme ils nous sont confiés, on doit veiller sur eux.

Lorsque les deux parents partagent ce qu'ils observent ou ressentent, ils s'entraident à mieux aimer et donc à parfaire l'éducation de leurs enfants.

L'éducation va se frotter à l'extérieur aux modes, aux idées reçues, à d'autres convictions. La famille peut s'en trouver perturbée. Mais ce contact avec l'extérieur amène à approfondir ses convictions ou à changer ce qui doit être changé. Les parents doivent écouter les revendications, dialoguer, considérer et agir pour le bénéfice des enfants. Lorsqu'un enfant veut quelque chose et que l'un des parents dit oui ou non, l'autre ne doit pas dire le contraire. Si les parents ne sont pas d'accord, ils doivent se concerter entre eux pour que l'enfant ne pâtisse pas de leur désaccord.

Il faut attendre et tendre vers le mieux et le plus, en acceptant les moments de fatigue et les sautes d'humeur, qui disent quelque chose de l'état de la personne. Sachant que chaque enfant est unique, il faut se regarder, s'écouter en acceptant de ne pas toujours avoir de réponse immédiate car chacun a un rythme différent.

Il faut dire à voix haute les progrès réalisés. Il n'y a pas que le négatif qui se dise à voix haute. Le beau a le droit d'être reconnu pour qu'il puisse se répandre. Féliciter, c'est donner la possibilité de se bonifier (je dis de nombreux « il faut », mais c'est pour m'en persuader, non pour faire la leçon !).

Bien éduquer l'enfant, c'est l'élever et non le rabaisser. L'éduquer, c'est le laisser partir en lui faisant confiance, lui permettre de nous étonner dans un devenir unique, lui dire à voix haute qu'il est un merveilleux cadeau et qu'il sera toujours attendu. Éduquer, c'est accueillir, recevoir, avertir, écouter, dialoguer, protéger, interdire, laisser libre, exiger, relever, conforter, rassurer, être vrai.

Les enfants, devenus grands, vont avoir un rôle actif au sein de la société, de l'entreprise, de la vie associative. Apprendre à vivre en famille, c'est apprendre à vivre en société. Éduquer en famille, c'est amener les enfants à savoir vivre en société.

La violence : un cri, un appel

Je suis un ancien usager de la violence. Nous accueillons à la ferme des habitués de la violence. Je l'ai vue et je la vois à l'œuvre. Quelle est-elle ? Que cache-t-elle ?

Toujours, la violence est un cri, un appel. Elle cache une blessure. L'enfant qui insulte sa maîtresse à l'école maternelle vibre dans les aigus comme les oisillons qui font beaucoup de bruit pour dire qu'ils ont faim.

L'enfant à qui l'on ne dit pas gentiment que telle chose ne se dit pas ou ne se fait pas, à qui l'on ne présente pas d'alternative, va prendre des habitudes qui vont devenir un jeu. Comme à tout jeu dangereux il faut y mettre des limites, pas seulement à l'école mais aussi à la maison.

Il faut que les adultes qui l'entourent lui parlent, communiquent, pas pour le condamner mais pour l'aimer. Regarder, accompagner, complimenter et mettre des limites sont des protéines et des vitamines qui l'aideront à ne pas endosser le jeu de la violence. L'enfant a tendance à prendre exemple. Sans limites, il est envoyé vers le précipice de la violence.

Quand un enfant rentre de l'école, il raconte à ses parents ce qu'il a fait. Si on l'écoute et s'intéresse à ses dires, il développera son langage. Ses sons seront calmes, posés et compréhensibles. Mais si, lorsqu'il tente de faire partager sa journée, ses parents fatigués répondent sèchement : « Qu'est-ce que tu baragouines ? Ça n'a ni queue ni tête, ce que tu racontes... Laisse-nous tranquilles », l'enfant se sent inintéressant. En conséquence, il va chercher à faire l'intéressant, son langage va s'appauvrir et ses nerfs lui jouer des tours.

Il faut prendre la violence au sérieux, tout comme on prend au sérieux les migraines. Beaucoup d'enfants ne sont pas considérés dans leurs maux de tête. Quand, à la maison, on n'y prête pas attention, les intérieurs deviennent étouffants. Alors on sort dans la rue dans l'état où l'on est, prêt à la violence.

Face aux réprimandes injustifiées, la maison et l'école deviennent des lieux obscurs, étrangers. Le jeune cherche ses semblables. Il les trouve parmi d'autres jeunes. Ils se réunissent et refont le monde. Le langage étant blessé, ils essaient de faire tomber ce en quoi ils diffèrent, et la violence prend la forme d'un jeu. Ils jouent aux quilles. Ils n'aiment pas ce qui est debout. Pour attirer l'attention, ils titillent les interdits. Ils restent en groupe pour se donner confiance dans leurs expériences.

Ils s'écoutent, se regardent et se trouvent intéressants. La violence devient un manteau qui donne chaud. Ils ne supportent plus le raisonnable et fuient les exigences. Ils se jettent dans les bras du rêve pour s'éloigner de la réalité. C'est alors que la découverte de l'alcool, des médicaments, des dopes quelconques entre dans l'arène. La vitesse en bagnole, en bécane procure les sensations fortes qui font monter l'adrénaline. Ils se prennent pour des héros ! Un peu comme un jeune cadre dynamique qui se sent obligé de sauter à l'élastique avec son attaché-case pour se prouver qu'il est un homme. Chacun cherche la reconnaissance comme il peut...

Nous, les adultes, avons une grande responsabilité dans la montée de la violence, par omission. Nous avons peur d'être des missionnaires du beau. Nous n'osons pas demander le meilleur d'eux-mêmes aux jeunes par peur de rentrer en conflit ou de faire ringard. On se cache derrière le principe de la liberté. Mais l'antidote à la violence c'est l'amour vrai, c'est faire attention à l'enfant, lui donner du temps pour l'écouter, parler de ses découvertes, de ses joies et aussi de ses peines, mettre des limites. Quand un enfant se sent reconnu, il n'a pas besoin de se shooter aux décibels et à la violence. Il désire intégrer la société, y jouer un rôle de bâtisseur, non de démolisseur.

Un jour, j'étais allé témoigner dans une école. Quelque temps plus tard, un garçon de seize ans a tenté de se suicider. Il avait laissé un mot à sa directrice et s'est raté de justesse. La directrice est allée lui rendre visite à l'hôpital. Ils ont parlé. Il lui a dit qu'il aimerait aller chez moi. La directrice m'a téléphoné. Nous avons été d'accord avec ma famille pour qu'il vienne une semaine à la maison dès sa sortie de l'hôpital. La directrice lui a payé son billet de train.

Quand Yves est arrivé, il m'a raconté toute la galère qu'il avait vécue depuis qu'il avait quatorze ans : vol, drogue, bagarres. Puis j'ai abordé un point délicat.

« Et avec tes parents ? »

Grand silence et puis un soupir.

« Ils se sont moqués de moi. Je suis seul depuis deux ans. Quand ils se sont séparés, ils ont partagé les meubles, le chat, le chien, et moi, je me suis retrouvé dans un studio tout seul.

— Comment ? »

Voyant que je ne comprenais pas, il reprit :

« Ben oui, ils ont loué un studio pour moi, comme ça je ne les dérange pas. Ils me remplissent le frigo régulièrement. Et tous les lundis, quand je rentre du bahut, je retrouve des tunes sur la table.

— Et tu ne veux pas vivre avec eux ? »

Silence. Les yeux d'Yves se sont remplis de brume.

« Le compagnon de ma mère ne veut pas que je les dérange. Et mon père veut vivre sa vie.

— Leur as-tu dit que tu voulais être chez l'un d'eux ?

— Oui, mais mon père a répliqué : "Tu ne vois pas qu'on se sacrifie pour toi ? Tu as déjà ton appartement. Beaucoup de jeunes rêveraient d'être comme toi. De quoi te plains-tu ?" Je ne suis jamais attendu le soir et il ne faut pas que je les dérange. Du coup, j'en ai plus rien à foutre de cette putain de vie ! Pour ne plus les déranger et qu'ils arrêtent de faire des sacrifices, j'ai voulu en finir.

— Quel est ton rêve, Yves ?

— Je n'ai plus de rêves !

— Mais dans ton cœur, Yves ? »

Je n'ai réussi à obtenir qu'un grand soupir et un haussement d'épaules en guise de réponse.

Le soir, son père m'a téléphoné.

« Je ne comprends pas mon fils, avec tout ce qu'on a fait pour lui, sa mère et moi. On s'est quittés en bons termes. On fait de notre mieux ensemble pour que tout lui soit facile. On lui loue un studio pas très loin de chez nous, à mi-chemin entre sa mère et moi. Il ne manque de rien. »

Je l'ai écouté sans le juger. Puis je lui ai dit :

« Yves voudrait vivre chez l'un de vous. Toutes ses conneries, c'est pour se faire remarquer, pour crier au secours. Il a encore besoin d'être votre enfant. »

Le père avait du mal à m'écouter. Je lui ai demandé s'il connaissait La Redoute. Il me dit :

« Je ne vois pas ce que cela vient faire dans notre propos. »

J'ai repris :

« Connaissez-vous La Redoute ? »

Silence. Je l'ai laissé cogiter, puis je lui ai donné mon explication.

« Prenez Yves quinze jours chez vous. Il a besoin d'une chambre chez vous et pas de se retrouver tout seul dans son appartement. Essayez pendant quinze jours et vous verrez. Il n'y a pas que les fringues de La Redoute qu'on a le droit d'essayer. »

Yves est reparti chez son père. Celui-ci a fait des efforts, sa maman aussi. Il est attendu. Son père est devenu un papa, pas un semblant de père, mais un vrai qui apprend à donner et à recevoir.

Yves s'était embarqué dans la violence, la dope, les petits vols à l'arraché par désespoir. Il s'en est sorti grâce à des profs, à une directrice, qui sont allés au-delà du scolaire, de leurs programmes d'enseignement, pour le rejoindre. Ils ne se sont pas retranchés derrière un « je ne suis pas payé pour faire du social ! ». Heureusement qu'il y a des profs, des proviseurs, des surveillants qui vont au-delà de leur rôle pour aider un jeune à ne pas se perdre.

Il faut savoir remercier tous ceux qui osent aimer leur travail et passer davantage de temps pour s'inquiéter d'un élève, chercher une solution, sans penser à en tirer de la considération, tous ceux qui ont donné le coup de pouce à un jeune qui ne pouvait pas suivre le programme parce que son cœur était chiffonné et que son envie d'apprendre était tétanisée. Merci de contribuer à faire du beau, à atténuer la violence à l'école. Merci de ne pas écouter ceux qui ne veulent pas se remettre en question et qui disent que c'est une goutte d'eau dans l'océan.

Un jour, l'assistante d'un juge pour enfants m'appelle : « Monsieur, nous avons un jeune, Miloud, qui n'arrête pas de faire des siennes. Il voudrait venir chez vous pour s'arrêter. »

Nous avons discuté et je lui ai donné notre mode d'emploi.

« Toute personne qui veut venir chez nous doit faire sa demande elle-même et l'écrire avec ses propres mots.

— Mais il a honte de son français, il fait beaucoup de fautes.

— Ce n'est pas grave, j'en fais aussi. Qu'il écrive avec ses tripes, cela suffit. Surtout ne l'aidez pas, car s'il demande de lui-même, il va commencer à marcher vers un mieux. Mais faire à sa place, c'est l'empêcher de croire qu'il en est capable. L'envoyer chez nous sans qu'il le demande, ce serait faire perdre du temps à lui comme à nous. »

Miloud m'a donc écrit. Comme je tardais à lui répondre, il m'a téléphoné.

« Allô, ici Miloud, je vous ai écrit, je peux venir quand ?

— Dans dix jours…

— Dix jours ! C'est bien trop long. Je suis dealer ; je ne peux pas m'arrêter si je reste ici !

— Essaie pendant dix jours, et tu me téléphones.

— Sûr, je ne pourrai pas tenir aussi longtemps.

— Écoute, tu me téléphones comme prévu, après on verra. Fais de ton mieux, on en reparlera. »

Dix jours plus tard, très tôt le matin, dring, le téléphone.

« Bonjour, m'sieur, c'est Miloud. J'y suis pas arrivé, j'ai craqué.

— Ah bon. Combien de temps as-tu tenu ?

— Quatre jours.

— Viens, je t'attends.

— M'sieur, je peux venir quand ?

— Aujourd'hui ! Dis-moi l'heure de ton arrivée, j'irai te chercher à la gare. »

Sa voix était en mélasse. Il a été étonné que j'accepte de l'accueillir. Mais il avait essayé d'arrêter, c'est cela qui comptait.

Je suis donc allé cueillir Miloud à la gare en fin d'après-midi. Sur le quai, un gars me souriait, casquette Kangol blanche sur la tête, habits et chaussettes de petit frimeur, portant son sac de façon à mettre sa musculature de revue en valeur. Cela m'a fait rire, car vingt ans auparavant j'en connais un qui ne faisait pas mieux…

Au long des sept kilomètres de montée entre la gare et la maison, Miloud n'arrêtait pas de se mater dans la glace du pare-soleil de l'auto pour voir si ses cheveux ne se défaisaient pas – pas de danger, ils étaient plutôt ras – et se tapait le flanc tout en répétant :

« C'est bien ici. Ouais, c'est bien ici. »

Intérieurement, je rigolais. Après un bon silence, je lui ai demandé pourquoi il avait voulu et choisi de venir chez nous.

« Je n'étais pas là quand vous êtes venu dans mon bahut. J'avais été renvoyé. J'avais fait des conneries. Quand je suis retourné au bahut, le conseiller de discipline m'a remonté les bretelles et m'a dit que le prof principal ne me voulait plus car j'étais un élément dissipateur, que j'avais une mauvaise influence. Après discussion, il m'a parlé de vous, de votre accueil de jeunes comme moi. Il m'a dit que vous aviez eu, vous aussi, un passé mouvementé et que vous pouviez m'aider… (je le vois plisser le front) à m'en sortir.

— Tu as un projet d'avenir ? Que voudrais-tu faire plus tard ? »

Je le sens s'animer.

« Garde du corps.

— Oh, la la, c'est bien dur ! »

Une ombre passe sur son visage.

« Pourquoi ? Vous croyez que j'y arriverai pas ? »

Je précise :

« Non, non, je n'ai pas dit ça. J'ai dit simplement que c'était difficile… Et avec le juge, ça va ? »

Il m'a raconté ses aventures. Une vraie cascade. Nul danger de m'endormir. Pour ses dix-sept ans, il n'avait pas chômé.

« Et avec tes parents, ça boume ? »

Là, je sens que j'aborde un terrain miné.

« Je suis d'origine marocaine, adopté par un couple français. Mais ils se sont séparés. Ils ont refait leur vie. Ma mère a eu un enfant naturel, et mon père d'autres enfants. Lui, ce n'est plus mon père, je ne veux plus en entendre parler ! Je ne lui pardonnerai jamais ! »

Silence. J'ai senti qu'il fallait parler d'autre chose.

À la ferme, Miloud s'acclimatait peu à peu, mais non sans difficultés. La ville lui manquait, les règles le chatouillaient beaucoup. Souvent, il faisait sa valise pour repartir. Je lui disais : « C'est ta vie. Si tu préfères aller retrouver la ville et le juge, cela te regarde, bye-bye. » Il reposait sa valise. Miloud était plus que généreux. Chaque départ repoussé était suivi d'un cœur-à-cœur.

Il avait un sens de la débrouillardise à couper le souffle. Il avait fait trois passe-partout avec lesquels il ouvrait différentes portes.

« Comment je les ai eus ? C'est facile. L'un, c'est en draguant une postière, les deux autres en faisant un deal. Comme ça, je pouvais changer de cage d'escalier. »

Il dormait au chaud en squattant. À seize ans ! Personne n'avait vu son manège. Ses profs sont tombés de haut quand ils l'ont su. Le voyant habillé avec des vêtements de marque, équipé d'un scooter et d'un portable, ils ne s'étaient doutés de rien.

Il avait un tempérament d'étalon sauvage. Être à côté de lui, c'était comme faire du rodéo sur un cheval piqué par une guêpe. Il aimait beaucoup se moquer des autres, les rabaisser, et les chauffer. Il faisait le petit coq et donnait aux femmes des noms qui heurtaient les oreilles. Il en avait pour tous les jours de la semaine. Un jour, je lui ai dit :

« Tu vis dans notre famille. J'ai une femme, deux filles. Ici, on parle propre sur la femme et la jeune fille, javellisant, tu vois ? »

Après, quand je passais près de lui, il murmurait : « Pardon, Tim. » Je ne comprenais pas. C'était simplement parce qu'il venait d'être dépassé par ses habitudes de langage.

Avec le temps, Miloud est arrivé à changer. Je l'ai vu

devenir délicat, écouter poliment les femmes, et même parler d'elles joliment. Il avait suffi de lui demander le meilleur de lui-même pour que sa violence verbale parte au dépôt des causes passées.

Lorsqu'il est parti de chez nous, Miloud a été beaucoup aidé par son père et sa mère pour trouver un appartement. J'ai vu son père avec lui. C'est un homme de cœur. Ils ont fait des efforts chacun de son côté pour s'apprivoiser. De même avec sa maman.

Maintenant, Miloud cherche moins à rabaisser les autres. Il a repris ses études, et comme il a des talents de vendeur, il suit une formation par alternance et se débrouille comme un prince. La reconversion est bien amorcée.

Les personnes qui ont permis à Miloud d'apprivoiser sa violence sont diverses. C'est un professeur principal qui a réagi pour protéger ses autres élèves. C'est le conseiller de discipline qui a fait son travail en le renvoyant, mais qui a aussi pris du temps pour trouver une solution, ce qui n'était pas prévu dans ses attributions. C'est le juge des enfants qui a accepté avec confiance que Miloud s'en aille pour quelques mois dans un autre département. Nos enfants et les autres jeunes que nous avons accueillis en même temps que lui ont rendu fructueux le nouveau combat de Miloud, ainsi que ses parents qui ont fait des efforts pour le comprendre. Mais l'artisan principal de cette réussite, c'est Miloud lui-même qui voulait changer et s'est donné les moyens de le faire.

Comment la violence peut-elle grandir dans le cœur d'un enfant adopté par un couple français ? À l'école, la moquerie des enfants – « Menteur, ce ne sont pas tes parents » – le renvoie à sa différence comme si on lui envoyait des pavés en pleine tronche. Cette différence est d'autant plus marquée qu'il ne peut aller vers ses semblables : ceux qui lui ressemblent parlent arabe, eux, lui non. Il est comme une girouette chahutée aux vents des différences. Certains « laissent pisser », d'autres entrent dans le monde de la défense, de la violence. Du coup, ils prennent du retard, ce qui accentue la différence. Mais ce retard n'est pas rédhibitoire. Dans une course de vélo, certains peuvent se trouver à la traîne. Mais avec de la foi en eux-mêmes, des encouragements et de l'aide, ils peuvent réintégrer le peloton de tête et, pourquoi pas, nous surprendre en remportant la victoire.

La disparition de la violence, de l'école à la rue, ne relève certes pas de la magie mais elle est possible. Avec l'aide de beaucoup de partenaires : profs, directeurs, juges, familles d'accueil, parents, amis, camarades, et avec l'aide du temps, la violence s'évapore. S'il y avait plus de dealers de beau dans les écoles, dans la rue, la violence s'évaporerait plus facilement.

Pourquoi mettre la violence sur le dos d'une mauvaise graine ou d'une mauvaise herbe ? Non ! Dans un jardin, si une mauvaise herbe prend le dessus, la faute est à imputer au jardinier qui s'est laissé aller, pas à la mauvaise herbe. La violence qui monte de l'école à la rue vient de jeunes dont on ne s'occupe plus ou pas assez. Comme pour un jardin, il faut un projet, il faut retourner la terre, nettoyer, faire du beau. Il faut dialoguer avec l'enfant comme on sème des plants de légumes, lui expliquer le bien, ce qui est dangereux, ce qu'il ne faut pas faire, lui poser des limites. Lorsqu'une plante empiète sur l'espace d'une autre elle lui fait de l'ombre et l'empêche de grandir. Il faut apprendre à respecter la place et la différence de chacun. La croissance d'un jardin, c'est magnifique, étonnant et toujours nouveau. La croissance d'un enfant, c'est aussi sans fin.

L'enfant devenu homme ou femme, s'il se réalise dans ses projets, ressent le besoin d'annoncer sa réussite. Mais bien des enfants appelés à devenir adultes ont été livrés à eux-mêmes. Quel combat ! Pourtant, rien n'est perdu. Il leur faut de l'aide et des astuces pour éviter le découragement. Il faut encourager à voix haute les petits enfants, les jeunes filles, les jeunes garçons ou les grands adultes en retard. Ils ont le droit d'essayer et d'apprendre à se cultiver dans le beau. Que ceux qui ont poussé dans un environnement d'attention donnent un peu de leur temps à ceux qui ont poussé dans un entourage hostile ou indifférent.

La violence est toujours la parole inarticulée d'un jeune désarticulé. Écoutons cette parole, écoutons ce jeune. Apprenons-lui à articuler sa pensée, ses mots et ses gestes.

Le temps d'une écoute

On s'inquiète à juste titre, dans les médias et dans les ministères, de la montée de la délinquance. Pour mon compte, j'aurais du mal à parler de la délinquance en général. Derrière le mot « délinquance », je vois des visages. Les enfants et les jeunes aspirés dans la délinquance expriment une douleur immense. Le désespoir du lendemain leur brûle les fesses. La dope, l'alcool, les médicaments sont les moyens qu'ils trouvent pour anesthésier cette douleur et franchir l'aujourd'hui.

Aucun enfant ne se lézarde et ne tombe dans la délinquance tout seul. Lorsque j'écoute Frédéric, Miloud, Amas, Jérôme, Geoffroy et bien d'autres, ils sont tous extrêmement différents, même de milieu, mais ils ont en commun l'ennui scolaire, la peur du silence et de la solitude. Les parents, les adultes sont mangés par le rythme de la vie actuelle : il faut assurer pour ne pas se retrouver largué. Les enfants se retrouvent seuls, entre deux baisers de leurs parents – quand ils en ont – donnés en courant ou oubliés. Ils se retrouvent face à des promesses non tenues, des « Tiens, j'irai te voir jouer au foot dimanche » transformés en « Excuse-moi, je ne viendrai pas, la semaine a été éreintante », ou encore à un « Papa, je t'ai attendu pour la sortie » suivi d'un « Oh zut, j'ai oublié ! ». Quand ce n'est pas la vie de famille qui s'organise autour d'une intruse omniprésente : la télévision.

Tous ces temps reculés ou oubliés creusent des peines refoulées. La parole des adultes devient vide, sans valeur. L'enfant n'attend plus ses parents à la sortie de l'école, il n'est pas attendu. Son chez-lui devient fade, d'une ambiance mortelle. Il va dehors, il voit des groupes de jeunes qu'il mate de loin, à la fois intimidé et envieux. Il les voit rire, blaguer, taquiner les passants. Il ose alors entrer en contact avec eux. Tous les jours, il les retrouve. Ils s'attendent dans la rue, les squares ou d'autres lieux. Il ne se sent plus seul. Il fait partie du groupe. Il intègre une nouvelle famille. Les plus grands épatent la galerie et lui disent : « T'as jamais fait ça, t'es nase... » Et c'est là que le jeune fait le pas. Il s'affranchit pour plaire.

Le groupe, c'est pour le jeune une famille qui l'attend. On lui tend les bras, le bonjour existe, on s'intéresse à chacun, c'est chaud, on refait le monde à coups de gueule. Les pubs lui donnent des envies d'avoir plus. Ses copains plus âgés l'initient à des trucs pour avoir l'argent facile. Tous ces moments en commun lui donnent la force de faire ce qu'il ne croyait pas possible de faire seul.

Ses « vieux », ses parents, sont largués : lorsqu'ils se réveillent, c'est souvent pour le savoir chez les flics ou le juge. Certains parents réagissent bien. Ils cherchent alors à le comprendre et à l'aider. Mais d'autres sont perdus et ne savent pas quoi faire. D'autres encore ne font rien. Le fossé se creuse au fil des incompréhensions, de l'impossibilité d'entendre le « Au secours, venez me chercher, ne me laissez pas seul ! ».

Aujourd'hui, tout le monde court. Les moyens de communication se multiplient. Le téléphone portable est un bel outil : on peut joindre n'importe qui, n'importe où : au restau, en voiture, en train, aux chiottes. Mais ce progrès fort utile n'est pas étranger à la délinquance. On expédie les conversations, et les gens avec, en deux minutes...

Pour accueillir les jeunes à la ferme, je dois aller complètement à contre-courant de cette course effrénée. Je prends du temps, je donne du temps au temps. Nous voulons garder à notre ferme une atmosphère familiale pour le jeune en manque de repères. Qu'il puisse trouver une famille où l'on se parle, où sa parole va être importante.

Il faudrait multiplier ces petits lieux d'accueil où l'on peut consacrer du temps à chacun, où le temps devient sacré, au sens fort, religieux du terme. Ainsi, lorsque j'écoute Miloud pendant un long moment, et que je croise Francis ou Vanessa en sortant, je me dois de leur dire que je les verrai une heure plus tard, ou le lendemain, pour les empêcher de se faire des films, de se croire moins aimés, ou de croire qu'on a dit du mal d'eux. Dans les grands lieux d'accueil, cette consécration du temps n'est pas possible. Et cela rappelle aux jeunes leurs parents qui n'ont jamais le temps : « Trop occupés. Trop fatigués ! » De plus, il est parfois difficile pour les éducateurs d'éviter le favoritisme, volontaire ou non : un garçon qui n'a pas son temps de parole, ou son temps d'attention, peut en vouloir à celui qui l'a eu. Il risque alors de régresser, de détruire ce qu'il n'a pas.

Il faudrait que se multiplient des petits lieux d'accueil où chacun puisse être considéré individuellement et dans son unicité.

Des châteaux en reconstruction

Fred est un jeune adulte que j'ai rencontré au cours d'un témoignage dans un lycée. Il sortait de la drogue, il était là pour témoigner. Il m'a raconté sa galère.

« Un jour, en rentrant de l'école, j'ai montré un mauvais carnet de notes ; mon père m'a giflé, engueulé, et a hurlé à ma mère : "Non, mais t'as vu ce con ! Non, mais c'est pas vrai ! ça peut pas être mon fils... Il est d'un autre que moi, dis ?" Et après un silence, d'ajouter, accablé : "En tout cas, c'est pas ce qu'on a fait de mieux ce soir-là. On aurait dû s'abstenir." »

Ces mots ont été pour Fred le début d'un rejet. La vie n'avait plus de sens. Il est devenu une ombre qui se fuit, un vagabond de l'évasion par les joints et la drogue.

Fred fait de la peinture de vitrines et joue très bien de la guitare. Il fait aussi de la sculpture : il est doué, mais esclave de son passé. Il se sort de la drogue mais reste affamé de la reconnaissance de sa famille. Il erre dans sa douleur comme un bateau ivre, sans boussole. Fred est devenu un baladin du XXIe siècle qui va et vient à la recherche de l'espérance, tout comme Lydie et bien d'autres. Ils sont généreux, ils aimeraient seulement entendre une jolie parole, sentir un regard d'amour...

Marco est ici, à la ferme, pour six mois sous la tutelle d'un juge. C'est le dernier arrivé. Son passé est fait d'empreintes profondes de souffrance et d'essayage de la vie dans des chemins de traverse. Il en a marre de sa pétaudière. Il veut travailler plus tard dans la protection rapprochée.

C'est un vrai pur-sang, plein de fougue. Je lui apprends à canaliser son énergie pour qu'il l'oriente vers le beau. Aux yeux de la société c'est un gars qui glisse sur une mauvaise pente. Entre les mains de terroristes, de fous, il deviendrait un danger public. Mais moi, je sais qu'il peut s'en tirer, et je lui donne sa chance. Quand il fait un effort, du bon travail, je le félicite : « Marco, c'est super. » Il ne dit rien, il fronce les sourcils, et le lendemain il fait un nouvel effort pour voir si je continue à le remarquer et à le lui dire. Si je ne le disais pas à haute voix, je serais un salaud.

Le Beau, le Bon et le Bien ont besoin d'être reconnus. Pour juger de ce qui ne va pas, on est toujours rapide, mais pour dire à son enfant, à son mari, à sa femme, aux amis : « Je t'aime, c'est super ce que tu as fait ! », on est bien avare de mots. C'est dommage ! Car encourager et dire « bravo » à voix haute, c'est semer du beau.

Pourquoi ne parle-t-on pas des enfants qui se lézardent, des adultes qui tombent en ruine comme d'une baraque en reconstruction ? Les réparateurs de châteaux en péril, de maisons en ruine, de meubles anciens, de bagnoles de collection parlent avec passion de leur travail de restauration. Ils montrent même leur chef-d'œuvre comme si c'était le château de Versailles. À quel résultat n'arriverait-on pas si on osait regarder les enfants, les adultes, avec le projet de réparer et de reconstruire !

Lorsque je vois Fred, Marco et bien d'autres, j'ose les regarder avec autant d'espérance qu'une bastide toute déglinguée en cours de restauration. Je suis le témoin de leurs progrès. Nous nous aimons car ils savent que je compte sur eux et je sais que je compte pour eux. Je les vois se refaçonner au point de me faire mettre à genoux dans mon cœur.

J'ai bousculé mon destin pour vivre de reconstruction. Pour eux aussi, l'espérance est entrée dans leur cœur comme le soleil dans une maison.

Vous avez tous une raison d'être. N'écoutez pas ceux qui n'ont plus d'espérance envers vous. Chacun de vous est unique. Vous pouvez tous être des merveilles.

Nous sommes tous des mendiants… de tendresse

J'aime les gens de la rue. Lorsque je croise un clochard, cela ne me laisse pas de glace. Je le considère du regard. Si le contact se fait, je me présente.

« Je suis Tim. Et toi ? »

Il me donne son prénom. Je continue.

« Je viens des Pyrénées. Et toi ? »

Et là, c'est magique, on parle de nos familles, de nos enfants et je peux vous dire que cela change tout.

Si je repasse le lendemain ou un mois plus tard, je me rappelle son prénom. De ce fait, son sourire s'agrandit, ses yeux s'humidifient discrètement.

Les fois suivantes il me dit : « Bonjour, Tim ! » en oubliant les gens qui passent près de lui.

Je lui dis alors en rigolant :

« Dépêche-toi, tu vas perdre des tunes ! »

Là, il me donne un sourire de prince.

Être mendiant est à la portée de M. et Mme Tout-le-monde. Nous sommes tous des mendiants. Il y a ceux qui demandent à manger, à boire. Et il y a aussi ceux qui mendient une communication du cœur. Il y a ceux qui vont à la banque pour mendier un emprunt. On est plus ou moins doué dans nos demandes. Pour qu'elles aboutissent, il faut être considéré.

Oui, mais il y a tellement de misères, alors que faire ? Comment choisir laquelle alléger ? Peut-être que cette petite histoire qui s'est passée avec ma fille Églantine apportera un élément de réponse.

Un soir où j'étais à Paris, j'avais invité Églantine au restau. La soirée avait été magique, dans un cadre chaleureux. En sortant du restaurant, j'ai acheté une rose pour ma fille. Un peu plus tard, nous avons croisé un gars avec une pancarte : « J'ai faim. » Nous avons passé notre chemin. Vingt mètres plus loin je me dis : « Et s'il avait vraiment faim ? » Nous avons fait machine arrière.

« Bonsoir, vous avez faim ? Vous aimez tout ?

— Oui, monsieur. »

Nous sommes allés lui acheter un chich kebab et des frites. Il est arrivé derrière nous et a demandé au serveur plus de viande que de frites. En attendant la commande, je me suis présenté. Il m'a donné son prénom. Son repas est arrivé. Il m'a remercié et nous a quittés. Nous l'avons vu aller se blottir près de l'église Saint-Séverin, s'asseoir et mordre à pleines dents dans son casse-dalle. Il avait une de ces faims ! Églantine et moi étions heureux. Ma fille m'a demandé :

« Papa, comment savoir ceux qui ont vraiment besoin ? »

Ma réponse s'apparentait à ceci :

« Il a faim : tu lui offres à manger à la proportion de ton cœur. S'il le jette, ce n'est pas grave, c'est que sa demande n'était pas bonne. Tout cadeau qu'on donne ne nous appartient plus. Il faut apprendre à donner sans recevoir en retour. Si tu attends un merci, cela veut dire que ton cadeau n'est pas gratuit, il rend le pauvre plus pauvre qu'il n'était. Donne et efface-toi.

« Toi, tu fais des études, tu n'as pas beaucoup d'argent. Que tu donnes un peu de ton argent de poche pour offrir un gâteau ou du pain à celui qui te le demande, c'est bien. Mais ce n'est pas à toi de t'angoisser, de te démunir. C'est à nous, les grands adultes, qui travaillons avec des salaires réguliers, de nous soucier de ceux qui nous entourent. Toi, tu dois grandir dans tes études, vivre, sans t'alourdir de la misère du monde. Par contre, il ne t'est pas interdit de dire bonjour. Un regard gratis relève celui qui s'enlise. Même les adultes n'ont pas le pouvoir de mettre tout le monde au même niveau, mais nous pouvons toujours trouver sur notre chemin quelqu'un qui ne crache pas sur un bon regard, un joli son de voix. Un peu de temps donné, cela peut devenir magique. Mes revenus ne me permettent pas d'aider financièrement tous les pauvres, mais il ne m'est pas interdit de les considérer le mieux possible, c'est gratuit. Le soleil s'élève pour réchauffer la Terre et tous ses habitants. Un bonjour, un sourire, un moment donné, cela peut rendre le soleil vivant dans un cœur meurtri, une mémoire blessée. Il n'y a pas que le soleil qui ait le droit de réchauffer. Toi aussi, tu as la possibilité d'en devenir un pour celui qui en a besoin. N'hésite pas à oser. »

Pour moi, la mendicité est un cri à la vie, à l'amour. Faut-il être pauvre pour mendier ? Le chômeur ou la chômeuse qui arrive à la maison sans avoir trouvé de travail n'est-il pas un mendiant de la reconnaissance de ses capacités ? Être sans travail, c'est devenir mendiant d'un lendemain.

Un jour, alors que je demandais à un col blanc d'une quarantaine d'années ce qu'il faisait comme travail, sa réponse est venue de loin. Ses yeux étaient mouillés, sa voix rendait un son branlant :

« J'ai perdu mon travail ! Le plus dur, c'est pour ma famille. Mon fils, à la rentrée des classes, a eu honte de dire que je suis sans travail. Il n'invite plus ses copains à la maison. Notre mode de vie a changé. J'ai l'impression que mon fils m'en veut d'être sans travail. »

J'ai remercié cet homme de m'avoir partagé la météo de son cœur. Quand j'ai vu son fils à une compétition de tennis, je lui ai dit que son papa était un homme bien, qu'il pouvait être fier de lui. Cet homme a retrouvé un travail. La famille avait été ébranlée, mais elle est sortie de l'épreuve renforcée dans l'amour.

Innombrables sont les mendiants de l'amour. Parmi eux se trouve la jeune fille qui a décidé de garder son enfant dans des conditions extrêmes. Elle a senti la pression de ses parents ou de son ami pour qu'elle avorte, soit pour que le déshonneur n'embarrasse pas la famille, soit pour qu'elle ne se mette pas un fil à la patte. Elle a vu son copain se casser à l'annonce de la venue prochaine d'un petit. Cette jeune fille, porteuse du grand mystère qu'est la vie, devient mendiante de l'amour. Son instinct lui dit de ne pas refuser la vie qu'elle porte en elle.

Merci, jolie maman, d'oser alors te jeter sur le chemin de l'incertitude. Tu as mendié la reconnaissance, l'amour de tes proches, et tu ne les as pas reçus. L'amour dont tu as besoin de la part de tes proches, tu ne le vois pas. Malgré cela, tu oses tout donner, tes peurs, ta solitude, tes angoisses. Tu découvres et tu donnes tout ce que tu as, le plus beau cadeau, la vie.

Jeune fille devenue femme, merci, celui que tu vas oser donner au monde, ton enfant, deviendra un innovateur.

Mais bien d'autres femmes, mendiant ainsi l'amour, une aide, sont si abandonnées qu'elles ne peuvent aller seules jusqu'au bout. Les portes se ferment sur elles et leur trésor au lieu de s'ouvrir des deux battants pour les réjouissances. Elles font alors un choix qui est extrêmement dur dans leur cœur. Nous ne devons pas les juger mais les aimer, pour qu'un jour elles puissent attendre et donner le plus beau cadeau que les femmes ont toujours donné à la face du monde : la vie.

Malgré l'abandon par ma mère et la galère de ma vie, je peux témoigner et dire sincèrement, en vérité :

« Merci, maman, de m'avoir donné la vie. Tu n'as pas pu m'élever mais tu m'as porté et donné la vie. Si je suis un homme heureux maintenant, c'est grâce à ce grand cadeau. Merci, maman. »

Une jeune fille violée par un papa spécial ou par le compagnon de sa maman. La maman qui ferme les yeux pour ne pas perdre son compagnon. Cette jeune fille qui se retrouve en foyer, loin de chez elle, sans tendresse, seulement avec une mémoire blessée, meurtrie, des cauchemars qui viennent lui déranger la tête dans son sommeil. Elle aussi devient malgré elle une mendiante de l'amour. Sa vie devient comme un sable mouvant. Qui va la soutenir ? Qui va la rassurer dans ses mauvais rêves ? Qui va croire en elle avec patience ? Qui va l'aimer pour elle-même et s'approcher d'elle comme on s'approche d'un temple ? Elle a le droit à tout cela et à plus même. Oui, elle est belle et a le droit de l'être. Elle a le droit d'oser mendier le plus beau de l'homme.

Bien des parents sont des mendiants. Ils deviennent des pauvres dans leur paternité et leur maternité quand leur enfant prend des sentiers qui font peur : la drogue, l'alcool, la violence, le vol, la casse. Être parent d'un enfant drogué, alcoolique, anorexique, boulimique, dépressif, handicapé, c'est toujours être parent : « Que va devenir mon enfant ? » Ils mendient alors un conseil, une issue de secours aux amis, aux médecins.

Une maman qui se retrouve seule avec un fils qui déconne plein tube part mendier une solution pour sauver son fils. Elle essaie tout ce que lui disent l'assistante sociale, le psychologue, le juge et bien d'autres. Parfois, une écoute sans jugement, un accueil avec tout le cœur remédient à beaucoup. Merci, parents, de mendier de l'aide pour ceux que vous aimez.

Personne n'est à l'abri d'une visite de la souffrance. Il n'y a pas de souffrance plus grande que celle qu'on vit dans son cœur et dans sa mémoire. Ce n'est pas le voisin qui va se battre à ta place.

Même ceux qui ont un travail stable mendient. À ceux qui vont à la banque mendier un emprunt, on demande : « Êtes-vous en bonne santé ? » Ainsi, un gendarme motard me confie :

« J'espère que mon analyse sera bonne, sans quoi je ne pourrai pas emprunter pour faire construire une maison pour ma famille. »

Je lui dis :

« Mais tu as un bon travail dans la gendarmerie !

— Oui, mais si tu deviens dialysé, il ne t'est plus permis d'emprunter. »

J'en suis tombé sur le derrière : même là, c'est pas du gâteau !

Un soir, dans le TGV Paris-Bayonne, un homme demande au contrôleur comment faire pour que son fils trisomique ait une carte d'handicapé pour le train. Il explique qu'il a écrit partout, sans obtenir de réponse claire. Le contrôleur a essayé de lui expliquer gentiment que le handicap de son fils n'était pas prévu par la réglementation ! Le système déconsidère la personne et la fait entrer dans des catégories, l'enferme dans des cases.

Pères et mères qui aimez vos enfants handicapés, continuez à mendier. Demandez l'amour qui ne se lasse pas. Que ceux qui sont dans le vrai besoin soient écoutés et considérés. Bien des personnes ont demandé des plans inclinés pour entrer dans les lieux publics, des places de stationnement. Ce qui a été obtenu, c'est grâce à des mendiants.

Nous sommes tous des mendiants de la vie. Être un mendiant de la vie n'est pas une tare, au contraire. Le pain qui nous est donné est un lendemain inattendu. On a le droit de guérir. L'espérance a le droit de nous appartenir. D'ailleurs, elle appartient à celui qui la veut. Accueillir la différence des autres, leur quotidien chaotique sans émettre le moindre jugement, c'est leur donner des deux mains le pain de l'espoir et celui de l'espérance.

La mendicité n'est pas que dans la rue, elle est partout. Enfants, femmes, hommes, à tout âge on a un jour l'occasion de mendier quelque chose, avec ou sans talent. Sachant que je serai mendiant un jour, j'aimerais pouvoir considérer dès aujourd'hui l'autre dans sa demande.

« Je suis venu chez toi, et tu ne m'as pas accueilli »

L'accueil est pour moi un rêve d'enfant qui est devenu une réalité. Je réalise ce rêve en ouvrant ma porte aux personnes en difficulté. Quand je vivais dans la rue et que je dormais dans des garages à vélo, je me disais : « Si je m'en sors, je n'oublierai jamais d'où je viens. » Devenu grand, j'avais un peu oublié ce rêve. Mais la vie n'oublie pas les pensées profondes des petits enfants. Quand j'ai rencontré Martine, nous avons mis nos projets, nos rêves sur la table du devenir. Dans ce joli inventaire des projets, Martine partageait mon rêve d'accueil. Elle avait vécu dans une famille super, avec des parents qui accueillaient les cousins, les amis avec beaucoup d'élan du cœur. Ils étaient cathos mais pas « constipés ». Du coup, cela avait déteint sur Martine.

J'aurais pu avoir ce grand rêve et ma femme n'en avoir rien à faire. Mais nous nous sommes connus à la « ferme » du père Thomas Philippe. Dans cette ferme de l'Arche, les bien-portants et les cassés de la vie mangeaient à la même table et dormaient sous le même toit. Je pense que cet accueil tout simple, dont nous avons profité, nous a préparés à ce que nous allions vivre chez nous.

Nous avons aussi, je l'ai dit, rencontré Marthe Robin dans sa « ferme » à Châteauneuf-de-Galaure.

En raison de ces deux lieux, notre maison s'appelle la ferme Notre-Dame. Nous en sommes les portiers et celle qui en est la vraie maîtresse de maison tend les bras à tout le monde sans exception. Vous la connaissez. Si vous ne voyez pas, téléphonez-moi, je vous donnerai un indice…

Nous avons commencé par accueillir Roger, un garçon d'origine sénégalaise par son père et française par sa mère, qui voulait à tout prix passer Noël à Lourdes. Il se droguait beaucoup. Venu pour quatre jours, il a passé plus d'un an et demi avec nous. Nous pensions n'accueillir qu'une seule personne à la fois, ensuite pas plus de deux. Mais les portiers que nous sommes se sont bien trompés : nous avons eu jusqu'à quatre jeunes en permanence, sans compter les personnes venues en même temps pour quelques jours.

Au début, nous avons accueilli des personnes qui avaient des problèmes avec la drogue ou l'alcool. Mais nous avons été surpris de voir que ceux qui voulaient venir à la maison portaient des souffrances bien différentes. Cela a fait tomber les habitudes. La seule chose qu'ont en commun ceux que nous accueillons, c'est le besoin que l'on marche à côté d'eux, qu'on porte beaucoup d'attention à leur mémoire et à leur cœur blessés.

Nous voulons cependant garder à notre accueil un caractère familial pour réserver du temps pour tous. Quand il y a trop de monde, sans le vouloir, on laisse la jalousie et la susceptibilité s'incruster dans le quotidien. On ne désamorce plus à temps et ça explose. Nous faisons tout pour éviter ces traumatismes.

Nous n'accueillons personne qui n'en a pas fait personnellement la demande. Un jeune envoyé est un jeune non motivé. Lorsqu'il lui faudra se battre contre les vieilles habitudes, il ne manquera pas de me dire qu'il n'est pas venu pour lui mais envoyé par ses vieux, son éducateur, ou le juge… Ce sera l'échec avec, en prime, une adresse grillée pour lui.

Par contre, un jeune qui demande à venir sait qu'il va en baver pour s'en sortir, mais il le veut. Lorsqu'il faut remettre les pendules à l'heure, il suffit de lui dire: « Là, tu déconnes, il vaut mieux que tu te casses, on n'est pas allé te chercher » pour que, comme par magie, il se mette à se battre. C'était son choix à lui de venir. Son orgueil en prendrait un coup s'il pliait bagage de lui-même.

Nos enfants ont une grande place dans l'accueil. Ils nous ont souvent épatés, étonnés. Ils sont des éducateurs en herbe, pas mal du tout. Ils ont tous des rapports privilégiés mais différents avec chacune des personnes qui leur confient des choses qu'elles ne diraient ni à Martine ni à moi. Lorsqu'il s'agit de jeunes, la question de l'âge joue, bien sûr. Ils n'ont pas avec nos enfants le rapport à l'autorité qu'ils peuvent avoir avec nous. Nos enfants ne sont pas pour autant copains-copains. Ils savent charrier comme il faut celui qui se laisse aller. Quand un jeune déconne et retourne un peu trop dans ses habitudes, ils lancent un: « Quand est-ce que tu pars ? » À ce moment-là, le jeune se réveille. Il se rend compte qu'il est à la porte de sortie. Car lorsque nous, les parents, on en a marre, il considère cela comme normal, il ne s'en fait pas trop. Mais lorsque *même* les enfants en ont marre… alors là, il sait que ça n'est pas bon du tout. Comme il se rappelle que c'est lui qui a demandé à venir, il se secoue. Il se redresse car il ne veut pas faire sa valise. Il fait un pas de plus dans sa reconstruction personnelle.

Les animaux aussi ont un rôle magnifique. On voit de gros durs à qui on veut mettre un agneau, un lapin, un petit labrador dans les bras reculer effrayés, criant qu'ils ne veulent pas. Quelques jours plus tard, on les retrouve en train de raconter leur vie aux petits animaux. Eux qui ne partagent rien deviennent capables de réserver un morceau de leur dessert pour leurs nouveaux amis. Vidoc, notre labrador, est un éducateur exceptionnel. Il regarde et écoute des heures entières les plus blessés. Il est loin d'être bête, il sait qu'il sera toujours remercié par de bonnes caresses !

Martine leur dit quand ils s'habillent bien. Ils aiment la cuisine qu'elle nous prépare avec amour. Elle fait souvent le lien avec leur famille. Elle est très positive. Elle les aide aussi pour les papiers administratifs. La souffrance donne des complexes face aux papiers et à la plume. Martine les rassure et les aide. « Martine, as-tu une enveloppe ? », puis le lendemain : « un timbre ? », et enfin : « peux-tu poster ma lettre ? ». Et voilà qu'ils sont en marche vers l'extérieur, la socialisation.

Chez nous, le dernier jeune arrivé accueille le nouveau venu. Il lui montre sa chambre et lui donne les règles, cela m'évite de faire le gendarme. Mon rôle est plutôt de leur demander le meilleur d'eux-mêmes en leur disant à haute voix leurs progrès.

Le rythme de travail est ridicule au début, mais il augmente jour après jour. Un peu comme des yeux qui ont été longtemps dans le noir et qui s'habituent de plus en plus à la lumière.

Le plus dur, c'est de leur apprendre à se réveiller. C'est de l'ordre du *hard*, ça craint. Ils n'aiment pas se coucher le soir, et se lever n'est pas du gâteau. L'excuse du réveil qui ne sonne pas ou que l'on n'entend pas, c'est du disque rayé, il faut changer de face. Faire attention au réveil, c'est un premier pas important pour entrer dans la vie réelle. Quand ils iront travailler, s'ils arrivent en retard le lundi matin à cause d'un week-end trop bien rempli, le patron n'en aura rien à faire et la marche arrière fait très mal.

Puis vient le savoir-vivre : s'habiller, se coiffer, sentir bon, dire bonjour. « Tu as besoin de téléphoner ? de faire une photocopie ? d'emprunter un outil ? Eh bien, tu peux le demander, cela laisse la place à un oui. » Demander avant de prendre évite de devenir un profiteur de tout.

« Voulez-vous que je vous aide ? » est une phrase souvent sans effet. « Laissez-moi vous aider ! » devient actif. Ce n'est pas du vent, c'est de l'action. Avec l'action, la pensée, le corps et la mémoire n'ont pas le temps de se gratter le poil des jambes. On devient un vivant qui a envie de participer au pouls du quotidien.

Tous les jeunes que nous accueillons, je les regarde. Mais je ne les regarde pas en tant que personnes démontées ou marginales. Au premier abord si, cela peut m'arriver d'avoir un début de jugement. Quand j'en vois un qui a les cheveux mis n'importe comment, ou qui a des trous partout à cause de ses piercings, j'ai envie de lui dire : « non, je n'ai pas de place », ou : « je suis fatigué », tout ça à cause du look... Mais je me donne un coup de pied au derrière et je me dis : « Bouge ta tronche, change ton regard. » Et puis, au bout d'un moment, en vivant avec eux, je suis souvent émerveillé car je vois vraiment l'espérance prendre place. Plusieurs mois après, je découvre qu'ils sont des princes. Ils ne brillent pas, certes. Mais ils ne refusent pas d'être astiqués. Résultat : ils brillent plus que des plats d'argent. Je suis un portier qui se retrouve à genoux dans son cœur devant des princes. Ce qui était caché, une fois dévoilé, c'est loin d'être de la camelote.

Quand on accueille, on est comme au bas d'une montagne. L'étranger qu'on accueille emmène sur le sentier unique qui est le sien, et qui mène à un sommet.

Au début, nous accueillions surtout des adultes ; ces dernières années, de plus en plus de jeunes qui sont à la porte de chez eux à quatorze, quinze, seize ans. Des directeurs de lycée ou d'institution, des juges, des éducateurs, des assistantes sociales ou judiciaires nous envoient des jeunes, mais toujours avec leur accord. Bien des fois, le fait de passer quelques jours ici suffit.

Nous demandons souvent à nos enfants s'ils veulent bien que nous continuions l'accueil. Ils ne cessent de nous dire oui. Cet accueil est possible grâce à chacun. Il évolue avec l'âge de nos enfants et parce que nous en parlons en famille. Nous ne cherchons pas la quantité. Il nous arrive de refuser des accueils dans les périodes où nos enfants ont besoin que l'on soit davantage à eux.

Nous ne sommes pas indispensables. Que toute famille qui a envie d'accompagner un jeune, ou un moins jeune, mette une assiette de plus et prépare une chambre pour l'accueillir, pour l'accompagner vers son devenir.

Face à certaines blessures, on peut rencontrer chez le jeune la jalousie, la susceptibilité, et l'envie effrénée de faire ses valises. Ce sont des cris à l'amour, il ne faut pas abandonner. Peut-être que d'autres personnes, habitées par ce même souci des jeunes en difficulté, ont de la place dans leur cœur, leur famille et leur maison pour eux. Encourager l'accueil, c'est se doper à l'espérance. En abuser ne nuit pas à la croissance.

Si vous êtes prêts à accueillir, mais que votre maison est trop petite, n'oubliez pas qu'un joli repas en famille peut faire beaucoup de bien, ou une sortie partagée avec quelqu'un qui vit seul. Si vous saviez quel soleil cela représente que d'être attendu ! Inviter une personne vivant seule lui permet de ne pas s'embourber dans sa solitude.

Si des amis ont un enfant handicapé, invitez-le chez vous. Quelqu'un blessé dans son corps ou dans son intelligence ne l'est pas dans son cœur. Essayez, vous allez voir, c'est grand. La délicatesse de son cœur caressera le vôtre, cela n'a jamais fait de mal. De plus, vous donnerez à ses parents un peu de temps pour se savourer. Ces parents-là sont comme des grimpeurs du Tour de France. Ils moulinent dur dans l'ascension de l'amour et de l'attention à leur enfant handicapé. C'est très dur. On encourage le coureur cycliste, on lui donne de la boisson. Pour ces parents, cet encouragement peut être l'accueil dans votre famille de leur enfant, la boisson peut être le fait de leur donner le temps de se savourer pour reprendre dans un élan nouveau l'ascension de leur vie.

Merci à ceux qui vont oser le vivre de temps en temps. Une ascension difficile partagée, cela nous rapproche du sommet, du Très-Haut. Bienvenue à tous ceux qui se sentent invités et qui oseront le faire. Vous serez comblés.

Moi, je ne peux pas faire autrement qu'accueillir. Je me renierais si je ne le faisais pas. Je manquerais mon rendez-vous avec le Big Boss sans l'accueil. Car j'ai tout le temps cette phrase dans ma tête – même quand je suis fatigué et que je n'ai pas envie d'ouvrir la porte : « Je suis venu chez toi, et tu ne m'as pas accueilli. »

Aider, c'est accompagner

Je n'ai pas de mode d'emploi face à une personne blessée. Chacun est unique, chaque blessure est unique aussi. Mais étant moi-même un blessé qui a la chance d'être accompagné, je peux simplement partager mon expérience.

Quand je suis amené à rencontrer quelqu'un de blessé dans sa mémoire, dans son corps, dans son cœur, je me force à l'écouter avec beaucoup d'attention. Je ne le coupe pas dans son récit sauf si je n'ai pas bien entendu une phrase, car un récit dérangé peut provoquer une fermeture. Je retiens tout ce qui peut être positif pour le souligner lorsqu'il me demandera mon avis. Souvent, en agissant ainsi, en étant tout écoute, les bouchons de blocage s'entrouvrent un petit peu. En acceptant d'accompagner l'autre avec beaucoup de délicatesse, je ne vais que jusqu'où il me permet d'aller, pas plus loin. Quelqu'un de blessé, c'est comme un champ de mines. Il faut accepter son rythme. Un pas après l'autre.

Il arrive que celui qui s'est beaucoup confié paraisse distant le lendemain, un peu gêné de croiser son confident de la veille. C'est qu'il a honte de s'être dévoilé. Il a l'impression de se retrouver tout nu. Ses réactions sont alors comme après un coup de froid. Il se rhabille tellement qu'il se cache derrière ses vêtements et ignore celui à qui il s'est confié. C'est normal. Il faut rester patient, ne pas forcer les confidences. Avec le temps, il pourra un jour entreprendre de passer à la tenue d'été. Vouloir trop aider les autres peut avoir des effets inattendus, comme la fuite.

Pour aider la personne blessée, il faut aussi accepter d'être aidé par elle. Si vous savez la remercier pour ce qu'elle vous apporte, elle pourra oser faire appel un jour à votre aide. Aider, c'est souvent s'accompagner soi-même.

Un jour, Simone, une amie que j'aime beaucoup, avec un cœur gros comme une cathédrale, me téléphone :

« Tim, j'accueille en ce moment une jeune femme à la maison, que je connaissais quand elle était plus jeune. J'ai découvert qu'elle avait beaucoup souffert. Depuis qu'elle est chez moi, elle s'enferme dans sa chambre. J'ai peur de ne pas m'y prendre comme il faut. »

Je lui ai donné ma recette : bien l'écouter, mettre en valeur chacun des beaux moments passés ensemble.

J'ai eu des nouvelles quelque temps après. La jeune femme quittait peu à peu sa chambre. Elle faisait des apparitions, jour après jour plus longues, parce que Simone la prenait dans l'état où elle était, en soulignant toujours les points positifs. Ce qui faisait que la jeune femme s'étonnait qu'on s'intéresse à elle. Quand elle est partie, elle savait qu'elle pouvait revenir, qu'elle était attendue. Mon amie lui téléphonait souvent pour savoir si elle allait bien, si elle avait rempli ses papiers, etc. Un jour, elle lui a demandé si elle était allée chez le dentiste. Quand la jeune femme a répondu qu'elle avait peur du dentiste, mon amie lui a demandé l'heure du rendez-vous pour prier pour elle à ce moment-là. Il n'y a là rien d'extraordinaire. Mais c'est par les choses ordinaires qu'on s'approche de l'extraordinaire.

Aider les autres, c'est accompagner en acceptant de ne pas tout comprendre.

Deux centièmes de seconde

Les jeunes ne sont pas les seuls à pouvoir rebondir comme les kangourous. L'histoire de mon ami Ricou le montre bien. Presque tous les jours, Ricou faisait le plein de Ricard. Il en buvait beaucoup, une trentaine par jour. Du coup, les fins de journée étaient sombres et orageuses. Sa femme et ses quatre fils l'aimaient, mais face à la maladie de l'alcoolisme ils se trouvaient souvent désemparés. Ricou était un mécanicien de génie. Mais surtout, il était doté d'un cœur gros comme un hydravion. Aussi, quand j'allais lui rendre visite, ce n'était pas l'alcoolique que je voyais, mais Ricou, l'homme toujours prêt à rendre service... en râlant. Ne dit-on pas « grande gueule, grand cœur » ?

Il essayait de guérir de sa maladie de l'alcool, mais malheureusement elle s'agrippait à lui. Bien souvent, il prit la résolution de ne plus boire. Les accalmies étaient comme des printemps bourgeonnants. Mais d'un coup, en deux centièmes de seconde, tous ses efforts se cassaient la figure comme un château de cartes. Le désir de guérir ne suffisait pas.

Pour que les deux centièmes de seconde s'éloignent, il faut être soutenu. Je me rappelle le jour où, me trouvant en ville avec Ricou, une de ses connaissances vint vers nous, un gars jovial, sympathique au premier abord. Il nous a invités à prendre l'apéro. Ricou répondit qu'il ne buvait plus. Le gars insista, Ricou refusa encore. Et le gars d'insister à nouveau ! Je me suis énervé et j'ai dit au gars :

« Si Ricou te dit qu'il fait des efforts pour ne plus boire, pourquoi insistes-tu ? Fous-lui la paix ! »

Et là, je ne sais pas ce qui m'a pris, j'ai embrassé Ricou en lui disant que j'étais fier d'être son ami. S'il avait dit « oui » pour faire plaisir, s'il avait été bourré, on n'aurait pas raconté ses trois refus mais les deux centièmes de seconde où il aurait flanché.

Lorsqu'il buvait, Ricou ne se rendait pas compte du mal qu'il faisait autour de lui. Mais au réveil, la honte le submergeait, elle l'invitait à l'abonnement aux mauvaises habitudes.

Sa femme et ses enfants étaient honteux des récits qu'ils entendaient. Et un jour où elle n'avait plus le moral et désespérait, des personnes ont conseillé à sa femme la séparation. Aussi, j'insistais de mon côté sur le bien et le beau que Ricou faisait. Je lui ai dit :

« Tu sais, ton mari, le jour où il sera grand-père, il guérira. Car devant vous il s'en veut de faire de la peine, mais devant son petit-enfant il sera tout neuf. »

Sa femme s'en est allée dans la cuisine, et ses yeux humides traduisaient son amour pour son époux.

Ricou est devenu un grand-père exceptionnel. Si vous le voyiez rempli d'attentions, promenant son petit-fils sur son grand vélo ! Quand je les croise tous les deux, je ne les dérange pas pour ne pas voler les minutes d'amour que Ricou lui donne. À mes yeux, il est un des plus beaux grands-pères que je connaisse. Sans qu'il le sache, il est pour moi un modèle pour le jour où j'aurai la joie de le devenir. Et il ne boit plus.

En prison

On me demande parfois d'aller rencontrer des prisonniers, en France et aussi à l'étranger. Je dis toujours oui ! Mais lorsque je me trouve devant la porte d'entrée, j'ai vraiment envie de me tailler...

Rentrer dans une prison, on ne s'y habitue pas. Une fois à l'intérieur, une atmosphère prégnante t'envahit de tous côtés, les bruits sont comme nulle part ailleurs. Une sensation parcourt tout ton être, que tu ne peux décrire. Lorsque j'arrive à l'endroit où je dois rencontrer les prisonniers, je suis comme au pied du mur. La liberté paraît alors comme un trésor sans prix.

Quand les gars ou les femmes arrivent, je me sens tout petit. On se toise du regard. Je me présente : « Je m'appelle Tim, et toi ? – Vincent, Cathy, Ghaleb. » Si le prénom est un peu compliqué à prononcer pour moi, je demande qu'on me le répète. Il arrive alors qu'on me donne son surnom. Cela peut sembler un détail, mais bien prononcer le nom de quelqu'un, c'est le rendre sacré et unique. Alors ceux qui « bluffent » se calment. Aussi ce premier contact est-il capital. Et lorsque par la suite je leur parle et qu'ils interviennent, je me rappelle toujours leur prénom ou leur surnom.

J'ai remarqué que les « longues peines », comme on les appelle, n'ont rien à prouver et n'ont pas envie de frimer. Ils ont un sens de l'écoute exceptionnel. Quant aux « petites peines », ils sont comme des chevaux à l'écurie. Ils sont nombreux à piaffer dans tous les sens.

Au début d'une rencontre, il n'est pas rare que certains, présents depuis peu de temps, sentent le besoin de dire que quand ils sortiront de taule ils recommenceront. Mais à la fin de la rencontre, lorsqu'ils viennent à parler avec leur cœur, ils changent de discours. Ils deviennent eux-mêmes.

J'ai rencontré en prison des hommes et des femmes avec un cœur à faire chavirer un paquebot. J'ai vécu des rencontres tellement fortes que les durs se mettaient à chialer comme des gosses. C'est toujours pour moi un grand chamboulement.

Certains profitent de mon passage pour faire l'inventaire de leur vie. Ils sont très lucides sur leur dérapage. Mais ils ont le droit de ne pas rester comme les châteaux en ruine, d'être reconstruits.

Dans une prison autrichienne, un homme est venu me voir entouré de trois matons. Il m'a remercié d'être venu et m'a demandé un conseil :

« Depuis que j'ai tué ma fille, je n'arrive plus à trouver la paix. Je fais des cauchemars. J'ai vu des psychiatres, des prêtres, rien n'y fait. »

Je lui ai parlé mais je sentais qu'il n'arrivait pas à m'écouter. Je lui ai alors mis une main sur le cœur et une autre dans le dos et je lui ai dit :

« N'aie pas peur. Écoute. Es-tu toujours papa ?

— Oui, j'ai encore un fils.

— Écris-lui une carte pour sa fête ou son anniversaire...

— Mais il ne peut pas me pardonner !

— Écoute. Tu n'es pas dans son cœur. Mais ton amour doit être comme un marteau-piqueur. Faire du marteau-piqueur n'est jamais agréable. C'est énervant. Mais celui qui persiste est toujours récompensé. Après le passage du marteau-piqueur, on peut rebâtir ou réaliser son projet. Ta fille, qui est avec le Big Boss, t'aime. Elle reste ta fille. Elle voit le fond de ton cœur. Alors, dans le secret de ton intimité, demande-lui de t'aider. »

J'ai alors senti sous ma main son corps se décrisper et il s'est mis à pleurer. Il m'a remercié en m'embrassant comme un petit enfant.

Lorsque j'ai quitté la prison, un des matons a voulu m'accompagner jusqu'à la voiture, dehors. Lui aussi avait les yeux humides. D'une voix hésitante il m'a dit :

« Je ne croyais pas qu'il y avait du bon chez lui. Merci pour ce que j'ai vu et entendu. Revenez, c'est important. Maintenant, je vois mon métier différemment. »

Un jour, j'ai reçu une lettre d'un ami qui m'envoyait le journal d'une prison où j'étais allé. Un prisonnier avait écrit : « Quand je sortirai de prison, je ne regarderai plus mes parents de la même façon. J'essaierai de ne plus être C-O-N. »

Une fois, un maton m'a remercié d'être venu parler aux gars. Il m'a dit :

« Ça leur fait du bien. J'aurais voulu être assistant social mais je n'y suis pas arrivé. Quelque part, j'aime beaucoup mon métier. Je suis un peu comme une assistante sociale, je les écoute. Ce ne sont pas des mauvais gars, ils ont mal tourné, c'est tout. Souvent, ils n'ont pas été gâtés par la vie, je suis bien avec eux. »

C'est vrai que les gars l'appelaient par son prénom avec des sons respectueux. En partant, je l'ai remercié d'être ce qu'il est et je lui ai demandé s'il avait des enfants. Il a un fils en dernière année de formation d'assistant social.

Un maton a dit à l'assistante sociale d'une prison : « Après le départ de Tim, ils sont rentrés dans leur cellule. Il n'y avait jamais eu un tel silence. C'était comme s'ils étaient tous recueillis. »

J'ai rencontré dans une prison des Dom-Tom une femme exceptionnelle, une visiteuse de prison, mais pas n'importe laquelle. Elle est antillaise, sans âge, avec un visage très marqué, coupé à la serpe. Elle m'a accueilli en boitant et a été mon guide dans la prison. Je voyais tous les prisonniers lui sourire et l'appeler Mamie Bola. Une de ses particularités, c'est que les prisonniers et prisonnières viennent la voir pour faire des câlins.

« Ben oui, dit-elle, ils sont prisonniers, et ils ont besoin de faire des câlins quand ça ne va pas. Alors ils vont faire des câlins à leur Mamie Bola. Je suis un peu leur maman, je sens quand l'un ou l'autre a besoin de sa petite dose de câlins. »

Ce qu'il y a de beau aussi, c'est qu'elle s'est battue pour avoir une petite pièce où accueillir les parents qui viennent visiter leur enfant. Parfois ils arrivent mal ou pauvrement habillés. Elle a installé un vestiaire à l'intérieur de sa pièce, un vrai bazar où elle a rassemblé de beaux habits. Elle les propose à ceux qui viennent pauvrement vêtus ou en haillons. Elle leur offre à boire. Elle écoute les parents avant qu'ils aillent voir leur enfant. Elle détend ainsi l'atmosphère, prépare à l'épreuve de la visite. Parce que l'épreuve de la prison n'est pas seulement pour ceux qui sont enfermés mais aussi pour les parents. Aucun parent ne prévoit d'avoir un jour son enfant en prison. Il faudrait multiplier de tels accueils pour les familles.

Cette Mamie Bola dégage une telle humanité que j'en ai été tout chamboulé. Elle a des inventions d'amour. Ainsi, à une femme qui était emprisonnée pour avoir tué son enfant, elle avait donné de la broderie à faire. Après deux ans de ce travail, cette femme avait pu acheter de beaux habits pour se faire la plus belle possible pour le jour de son procès, pour se faire belle face au monde !

Un prisonnier est quelqu'un de blessant. Il a blessé – blessé dans tous les sens du terme –, et c'est pour cela qu'il est puni. Mais si on ne se soucie que de la blessure qu'il a causée, on a toutes les chances d'en faire un récidiviste. Les prisons sont remplies de blessants blessés dont personne ne regarde la blessure. Merci à tous ceux qui s'intéressent, durant le temps où ils sont en prison, à leurs blessures. Merci aux Mamie Bola.

Éducateur

Je rencontre souvent des directeurs d'établissement et des éducateurs qui se mettent en quatre pour accompagner des jeunes blessés par la vie. Ils prennent les jeunes en considération et leur permettent d'obtenir un diplôme et un métier.

Mais dans certaines structures, on change souvent les éducateurs pour qu'il n'y ait pas de lien affectif. Un enfant « normal » grandit avec des repères affectifs stables, sa mère, son père, ses grands-parents… Pourquoi les enfants blessés n'auraient-ils pas droit d'avoir leurs repères ? Chaque apprivoisement suivi d'un départ non expliqué fait souffrir l'enfant, la peur de l'abandon est réactivée, la régression peut démarrer.

Certains éducateurs n'ont pas encore quitté les bancs de l'école après x années de « métier ». Ils mettent les jeunes dans des cases et la remise en cause, l'imagination, l'amour ne font pas partie de leur « savoir »-faire.

Les êtres blessés ont besoin d'être accompagnés par des gens qui reconnaissent à voix haute leur moindre effort, qui leur sont fidèles et qui croient en eux.

J'ai rencontré récemment des jeunes dans leurs ateliers. Ils me montraient leurs réalisations en menuiserie, puis en ferronnerie. Damien m'a montré ce qu'il faisait : des lampadaires sur pied, façon château, et bien d'autres objets. J'ai regardé, touché, et quand je disais mon admiration à voix haute, il fallait voir la lumière de son regard ! Il m'a montré les photos d'un voyage d'études fait à l'étranger avec d'autres blessés de la vie. Les autres sont arrivés et nous ont entourés.

« Là, je suis à côté du prof d'éduc, il est sympa. Il nous apprend plein de trucs. »

Damien m'a fait faire une visite de son internat. À un moment, il m'a raconté qu'il avait de la peine parce qu'un gars s'était fait la malle avec son portable.

« C'est ma mère qui avait mis toutes ses économies pour me l'acheter, c'est salaud ! »

Comme je remarquais qu'il était blessé à la main, il a enchaîné :

« J'ai tapé dans le mur. Avant, j'aurais pété un câble sur quelqu'un ! Mais ça ne sert à rien, la violence, ça ne résout rien. »

Je lui ai mis la main sur l'épaule.

« Tu es un gars bien, tu as un beau cœur, tu vois, tu deviens un exemple.

— Oui, c'est grâce à monsieur le directeur, j'ai pas toujours été comme ça ! »

Voilà le fruit d'un beau travail d'équipe.

Petits diplômes, grands métiers

Les jeunes se tracassent pour leur avenir, surtout ceux avec un petit diplôme en poche. Ils se sentent mal considérés. Mais ces petits diplômes, je ne les vois pas du tout comme une voie de garage. Pour monter en haut d'une échelle, pour voir la vue ou chercher un truc important, il faut passer par les premiers barreaux. S'ils ne sont pas solides ou s'ils manquent, il ne peut y avoir de montée vers le haut sans qu'on risque de se casser la bobine. Chaque barreau est important, du plus bas au plus élevé. Et qui plus est, les barreaux supérieurs sont dépendants des barreaux inférieurs. On ne peut monter au trentième barreau que parce que les vingt-neuf autres sont présents. Chaque barreau est important à la place qu'il occupe. Si on sous-estime les premiers barreaux, on risque la dégringolade. Si on déconsidère les petits diplômes et les petits métiers, toute la société se casse la figure.

Quand je vais chercher le pain, mon boulanger n'a pas fait les grandes écoles, mais que son pain est bon ! Tout le monde a besoin de son pain. Et le plus diplômé aussi, car il ne sait pas le faire.

Il n'a qu'un petit CAP, mon mécano. Mais c'est un artiste du cambouis. Il répare sans complexe de la 2 CV à la Mercedes. L'électricien qui éclaire et chauffe ta baraque, un CAP lui a suffi. Dans l'autre sens, le médecin et le dentiste ont fait de longues études, ça ne les empêche pas de soigner des gens sans diplômes.

Moi-même, mon CAP de maçon tailleur de pierre m'a donné un grand métier. J'aime mon travail. Grâce à lui, j'ai participé à la construction de ma maison et de celle de mes enfants. Ce petit métier est extrêmement grand à mes yeux, car il m'a donné beaucoup de liberté et d'amour. J'ai beaucoup apprécié les gens qui me l'ont appris. Ils étaient fiers de ce qu'ils faisaient, maîtres d'un savoir qui se passe de génération en génération et qui s'enrichit sans cesse. Ils m'ont appris l'amour du travail bien fait.

Chaque niveau est important. Ce qu'il faut, c'est devenir solide, bon, avoir le désir d'une conscience professionnelle. Les jeunes ne devraient pas avoir honte du métier qu'ils feront. S'ils l'aiment, s'ils en sont fiers, ce métier les rendra heureux.

Des parents disent avec fierté – et ils ont raison d'être fiers : « mon fils fait prépa », « ma fille est doctorante ». S'ils pouvaient dire avec autant de fierté que le frère ou la sœur fait un CAP ou un bac pro, les petits métiers deviendraient grands.

Chacun est appelé à exceller dans son domaine. Merci aux balayeurs qui rendent nos villes et nos villages propres ; merci à ceux qui ont fait de longues études. Mettre sa compétence au service des autres n'empêche pas d'aller vers ses ambitions.

Galerie de portraits de tagueurs d'espérance

L'avenir des jeunes d'aujourd'hui, je le vois beau comme eux, tout neuf. Ils sont pleins de fougue, de vrais étalons qui piaffent en tous sens. Ils dégagent une énergie folle et une vraie générosité. Quand je demande à un jeune ce qu'il voudrait faire, souvent il me répond avec enthousiasme qu'il aimerait bien un métier tourné vers les autres. Mais trop souvent, des adultes découragent les jeunes dans leurs ambitions. Ils leur disent qu'ils sont trop jeunes, sans expérience. Mais personne n'est sans expérience. Un jeune de seize ans porte en lui seize ans d'expérience. Il peut clamer : « J'ai l'expérience de *ma* vie » – qui n'est ni l'expérience, ni la vie d'un autre – « je vaux ce que je suis, avec mes seize ans d'expérience ».

On essaie bien une voiture, des fringues, alors pourquoi pas leur générosité ? Essayer cette générosité débordante revient à la transformer en expérience. Canaliser cette fougue revient à lui donner plus de force et d'efficacité. Avec le parrainage d'adultes expérimentés, ils apprennent très vite. Meilleur est le prof et plus vite l'élève désire l'étonner. L'expérience s'ensuit.

Cependant, un jeune ne manque pas de rencontrer sur sa route des adultes complètement blasés. S'il leur demande un conseil, il risque fort de se faire couper les ailes. Ces adultes tentent souvent de faire jeune, mais se plantent en beauté.

Un jour, j'ai été le témoin d'une belle histoire. Johanou, un jeune de seize ans, vient d'être largué par celle qu'il aime. Il a mal dans son cœur. Levant les yeux vers Pierre, un homme dynamique d'une trentaine d'années, il lui demande :

« Pierre, que penses-tu de l'amour ? »

D'un haussement d'épaules et d'un ton désabusé, Pierre lui répond :

« N'te prends pas la tête, une de perdue, dix de retrouvées. »

Johanou baisse les yeux. Silence. Puis il se tourne vers moi et s'accroche à mon regard comme à une bouée de sauvetage.

« Et toi, Tim, que penses-tu de l'amour ? »

Je réfléchis un moment. Que dire sans prendre le risque de le noyer dans sa souffrance ?.... Par délicatesse, je n'ose lui en demander trop. En fin de compte, je ne trouve comme solution que de lui retourner la question.

« Et toi, Johanou, qu'en penses-tu ? »

Silence. Il baisse la tête. Après un laps de temps qui me paraît une éternité, il me sort ce qu'il est allé chercher tout au fond de lui-même.

« Moi, j'aimerais vivre un grand amour... »

J'en suis tombé par terre. Du haut de ses seize ans, Johanou m'a épaté. Mon copain adulte avait voulu faire jeune, dans le vent. Johanou, lui, avait réussi à donner une réponse encore plus belle et plus grande que ce que j'aurais voulu exprimer. Ça fait beaucoup de bien de rencontrer des jeunes qui voient grand et beau quand certains adultes perdent espoir et proposent leur désespoir et la médiocrité.

Un autre jeune m'a bluffé : Junior, d'origine haïtienne. Grève de train au cours des vacances de février. L'arrivée des trains était constamment retardée. Sur le quai, dans le froid vif du matin, les gens piaffaient d'impatience. Un seul semblait à son aise :

Junior. On pouvait le voir ramasser les papiers qui traînaient sur le sol. On aurait pu le prendre pour le préposé au nettoyage de la gare, ou pour un jeune en Travail d'Intérêt Général, s'il ne s'était assis en tailleur par terre pour faire des pliages avec les papiers récupérés. Les gens s'arrêtaient pour le regarder. Quant à lui, il leur offrait ses sculptures en papier.

Junior est pour moi un exemple. Ce n'est pas un homme bardé de diplômes qui a su distraire et apaiser des usagers agacés par la grève, qui a permis à tous de vivre ce temps d'attente autrement que dans le stress et les récriminations, mais c'est Junior, un jeune des cités chaudes de la région parisienne. Sa vie a été dure. Haïtien d'origine, il a vécu dans son « quartier » une enfance qui dérape. Grâce à des éducateurs et des personnes rencontrées sur son chemin au bon moment, il a su étonner et devenir un modèle. Il est aujourd'hui éducateur et continue ses pliages. Il est parmi les meilleurs plieurs de France.

Merci, Junior, d'être ce que tu es. Les cités ont le droit de fleurir.

Un jour, je discutais à Marseille avec des jeunes pas très gâtés par la vie, quand un jeune à l'allure BCBG s'est approché : bermuda, chaussures de bateau et chandail en décoration sur les épaules. Les Marseillais l'ont maté avec un regard en coulisse.

« Eh toi ! c'est quoi ton nom ?

— Charles-Henri.

— Et c'est quoi, ta galère ? »

Il ne s'est pas laissé démonter. Il leur a répondu :

« J'aimerais que mon père me foute une tarte ! »

Ils n'ont pu s'empêcher de ricaner. Quand on parle avec ses tripes, on fait rire, mais c'est parce qu'on ébranle à l'intérieur. J'ai interrompu leurs rires :

« Pour jouer le gros dur, il faut des roustoutouilles, mais pour être sincère il en faut des plus grosses encore. »

Là, il y a eu comme un raclement de gorge général, suivi de beaux regards, pas du toc. Chacun a écouté Charles-Henri qui s'est mis à raconter son histoire.

« Mon père m'ignore complètement. Du coup, je vole des Vuarnet, des Zippo et autres objets de marque, en espérant que mon père réagira. »

Alors les Marseillais se sont tous mis à parler ensemble. On se serait cru aux Puces de Saint-Ouen un jour de bonnes affaires. Ils lui donnèrent leurs conseils et lui firent comprendre qu'il pouvait devenir leur copain, leur ami, leur cousin. Ils lui ont rendu un grand service. Quand Charles-Henri est rentré chez lui, il a changé sa vie. Pas d'un seul coup, mais il y est arrivé. Ces jeunes des cités ont été de merveilleux éducateurs : des tagueurs d'espérance. Ils ont remis Charles-Henri sur le chemin du devenir. Il peut désormais envisager un bel avenir.

Ma femme bien-aimée travaille dans un lieu de rencontre et d'information à Lourdes pour les personnes handicapées ou malades et leurs familles. Des personnes aux handicaps différents, des parents, des professionnels viennent parler en toute confiance de leur vie.

Dans ce lieu d'accueil, certaines personnes handicapées viennent aider à l'écoute. Elles partagent leur témoignage de personnes vivant avec un handicap. Ce sont elles qui donnent la main aux autres pour les rassurer, qui s'intéressent aux autres en vérité, souvent avec des cœurs gros comme un paquebot prêt à embarquer du monde. Elles les emmènent faire une croisière vers un merci à la vie, vers un avenir.

J'ai beaucoup d'amis handicapés. Parmi eux : Jacques Lebreton. Il est à lui tout seul un hymne à la vie. Quand on le voit et qu'on l'entend témoigner, on ne peut manquer de croire en un avenir pour tous.

Ce semeur d'espérance aurait pu tomber dans le désespoir en raison de ce qui lui est arrivé à l'âge de vingt ans. Il était beau gosse, taillé comme un roc, plus d'un mètre quatre-vingt-dix sous la toise. Mais au milieu de ses copains de guerre, une grenade a explosé dans ses mains. Au réveil, à l'hôpital, constat terrible : plus d'yeux, plus de mains.

Stoppé net à la fleur de l'âge, il s'est redressé tel un lion des montagnes pour manger la vie ! Il a revêtu le manteau de la galère et a continué sa route avec l'ambition de se battre et de vivre. Il s'est marié et a eu cinq enfants.

Être handicapé ne l'a pas empêché de s'investir à fond dans le monde du travail. Il a côtoyé Dieu au plus profond de lui-même, avec des coups de gueule et des larmes d'amour, pour un jour s'installer dans un cœur-à-cœur avec lui, l'infiniment petit et l'infiniment grand.

Jacques crie sa vie sur tous les toits. Avec sa canne blanche, il a sillonné la France et même le monde pour être un éveilleur, un exemple. Lui qui ne voit plus, il est devenu une merveilleuse veilleuse qui pousse à vouloir aller vers la lumière.

Il avait vingt ans. Combien de gens, en le voyant sur son lit d'hôpital, s'étaient dit : « Le pauvre, que va-t-il faire de sa vie ? Quel gâchis ! Il aurait mieux valu qu'il meure. Quel avenir pour lui ? Il ne pourra jamais se marier... »

Il avait vingt ans, comme vous, les jeunes de vingt ans, quand la grenade lui a explosé au visage. Quand il témoigne, c'est ce jeune de vingt ans qui s'adresse aux jeunes. Sa vie aurait pu s'arrêter là. Elle ne s'est pas arrêtée. Jacques, par son exemple, montre qu'il croit aux jeunes. Il est la preuve vivante qu'un avenir est toujours possible.

Bien des personnes de tout âge se sont redressées grâce à son témoignage de vie. Jacques, merci.

Un jour, un groupe de jeunes est venu au travail de Martine pour s'informer sur le handicap. À la fin de la rencontre, un jeune de quinze ans s'est levé et a témoigné qu'il avait un grand frère infirme, handicapé cérébral. Aucun de ses copains ne le savait. Il n'avait jamais osé le leur dire car il craignait leur jugement et leur regard sur lui et son frère. Mais ce jour-là, ils se sont rencontrés en vérité. Ce jeune est revenu voir mon épouse l'année suivante. Il voulait lui faire part de l'amour qu'il avait depuis pour son grand frère. Ses temps de loisir, il les utilisait pour aider d'autres handicapés. Il n'avait plus peur d'aller avec un copain aveugle à la piscine, de lire des histoires à des personnes gravement handicapées.

Bertrand, la trentaine bien tassée, posé, calme et intelligent, doué en art, en dessin et en peinture, avait le désir d'aider les autres. Mais il ne savait pas comment s'y prendre et ce désir restait rangé dans un tiroir de son cœur. Un beau matin, Bertrand faillit même jeter ce désir à la poubelle. Une drôle de tuile lui était tombée dessus et il avait commencé à prendre le chemin de l'amertume. Il avait retrouvé sa voiture vandalisée, taguée, bariolée de couleurs généreuses. Lorsque je l'ai vu quelques jours plus tard, il n'avait pas encore digéré. Il fulminait de colère.

« Ils ne savent même pas faire un dessin, du beau : c'est à chier ! »

Venant de la bouche d'un jeune homme convenable, un tel vocabulaire et une telle réaction surprenaient ! Je lui ai dit :

« Mais Bertrand, c'est super au contraire ! »

Il m'a regardé, ahuri. J'ai continué :

« Tu es doué, tu as fait les écoles d'art avec brio. Mais ton savoir, c'est de la crotte de bique si tu ne le partages pas. Toi, tu sais. Eux, ils veulent s'exprimer mais ils s'y prennent comme des manches. Toi, qui rêves d'aider les autres, eh bien, voilà l'occasion idéale ! Va les voir ! Apprends-leur à révéler leur talent ! Ils en ont, profites-en ! »

Est-ce l'événement qui fit mouche ? ou mes mots ? Toujours est-il que quelques mois plus tard, Bertrand créait un atelier d'artistes tagueurs. Au début, on ne se bousculait pas au portillon. Puis des jeunes vinrent mais ils s'exprimaient dans tous les sens. Bertrand leur a montré comment mettre un peu d'ordre dans les lignes sans nuire à la spontanéité. Les œuvres qu'ils réalisaient impressionnaient leurs copains et copines. Ils en étaient fiers. Bertrand, lui, qui rêvait d'aider les autres par l'art, est devenu un créateur communicatif grâce à sa voiture taguée. Il vint me voir, jubilant :

« Ebrahim, Tarek et Bruno, ils ont du talent, tu verrais ! »

Je me doutais bien qu'ils en avaient. Le talent se cache souvent là où on ne l'attend pas.

Je rencontre aussi des jeunes plongés dans des études arides. Ils font mon admiration. Ils ingurgitent des tonnes de mots, de savoir. Ils ne connaissent pas les trente cinq heures. Ils ne sont pas tous des arrivistes. Certains me surprennent par leur idéal qui est loin d'être avare. Ils se lancent dans des projets longs comme des pistes d'envol. S'ils continuent à bien construire leur intelligence avec leur cœur, leur avenir sera beau, ils ne seront jamais fades. Car les adultes qui s'affadissent sont ceux qui n'ont pas relié leur intelligence à leurs tripes et à leur cœur. Ils sont comme un repas sans condiments.

Quand Isabelle, Antoine, Henri et bien d'autres me disent qu'ils voudraient faire de la politique, je les encourage. Tout le monde est appelé un jour ou l'autre à prendre sa retraite. Les grands pontes ne sont pas éternels. Nous avons besoin de jeunes, de sang nouveau pour réveiller ceux qui s'endorment dans leurs habitudes. Renouveler la concurrence n'a jamais fait de mal, au contraire. Cela permet de se surpasser dans la compétence. Les jeunes ont à participer au souci du bien commun en s'investissant dans des actes quotidiens, pas dans des promesses usées comme de vieux habits. Notre pays a besoin de ces jeunes pour continuer le travail qu'ont fait les bons serviteurs de l'État, et corriger celui des moins bons.

Les jeunes s'investissent aussi dans les nouveaux moyens de communication, dans la musique, les arts, la littérature. Notre culture évolue avec eux. Merci à vous, les jeunes, qui avez l'audace de participer à la bonne santé culturelle de notre joli pays, il en a besoin.

Les premiers à fabriquer des voitures ont prêté à rire, ils ont dégusté la moquerie. Mais ils ont cru à leur invention. Aujourd'hui ils sont devenus des pages d'histoire.

La tour Eiffel, grande œuvre de l'ère métallurgique, était censée n'être là que pour l'Exposition universelle de 1889. Et voilà qu'elle est devenue la Dame Girafe nationale. On en a même fait un top model en l'habillant de lumière pour l'entrée dans le IIIe millénaire. La France a toujours donné naissance à des ingénieurs et à des entrepreneurs de talent. Il faut prendre le relais.

Certains rêvent de devenir des patrons. Eh bien, il en faut ! Ces jeunes vont vers la galère. Mais ils sont généreux. Leur capacité d'y croire n'est pas encore usée.

L'autre jour, je voyais des jeunes en train de monter un réseau Internet spécialisé, pour l'avant-garde de l'entreprise. Ils travaillent comme des bœufs, dorment sur place, et prévoient deux années sans rien gagner. Ils sont complètement fêlés ! Mais c'est grâce à ces aventuriers des temps modernes que l'avenir sera payant et fructueux.

C'est triste à dire, mais ce sont les adultes qui m'angoissent, pas les jeunes. Ces derniers, je les trouve très normaux. Plus on est jeune plus on est fou. Mais pas fou dans le sens psychiatrique, fou dans le sens d'« oser » : oser faire, oser croire, oser donner.

Nous qui sommes parents, donc vieillissants, nous n'avons pas le droit de devenir défaitistes. Il n'y a aucune raison de l'être. Nous devons rester optimistes et valorisants. Nous avons le droit et le devoir de croire en nos enfants.

Quand je vois le nombre de bénévoles et d'associations, comment puis-je me lamenter et ne pas croire en l'avenir ? Des jeunes, par exemple, donnent une année de leur vie, bénévolement, dans des bidonvilles du monde, pour vivre au milieu des pauvres. Ils rentrent ou reviennent ensuite dans le circuit de la vie professionnelle pour faire ou parfaire leur futur métier et jouer un rôle dans la société.

La liste des générosités du cœur et du savoir est longue. Comment pourrions-nous ne pas être émerveillés ? Restons jeunes, nous aussi, ne soyons pas des grabataires de l'esprit, de l'intelligence et de la culture.

Unique et différent

C'est fou comme on peut être limité dans son regard ! Certains sont obnubilés par les revues de mode. Ils se baladent avec un mètre à la place des yeux : « 90-65-90 », voilà la norme ! Ils restent aveugles à la part de beauté présente en chacun, à la symphonie liée à la diversité des êtres. Dans une forêt, on découvre de gros chênes bien solides, des hêtres plus fins, des buis, du houx, des taillis un peu difformes.

Mais si, dans cette forêt, une parcelle n'est constituée que d'une seule espèce d'arbres bien alignés, d'épicéas par exemple, immédiatement l'atmosphère change. La flore y est pratiquement inexistante et les animaux n'y passent pas. Tout est terne. La lumière ne descend plus. Le sous-bois a disparu. Le sol se jonche d'épines brunâtres. La terre s'appauvrit et s'acidifie.

Oui, si tout se ressemblait, on s'ennuierait, on ne s'émerveillerait plus. Merci à la nature d'être belle dans sa différence. On est comme on est, divers et variés, pour le bonheur de tous et de chacun.

Au temps de mes années comme chef de bande, j'avais un copain, Thierry, qui était beau gosse et qui sortait toujours avec des filles « canon », style modèles de revue de mode. Un jour, avec mes amis, nous l'avons vu venir avec une nouvelle conquête. Mais cette fois-ci, surprise, l'élue exhibait des formes généreuses. On a bien rigolé.

« Tiens, Thierry, tu fais dans l'exotisme, maintenant... »

Plusieurs mois plus tard, il nous a annoncé son mariage. Un copain qui n'avait pas la langue dans sa poche lui a lancé :

« Tu vas pas te caser avec ce boudin ?! Tu ne nous as pas habitués à ça ! »

Avec un regard confit, Thierry nous a répondu :

« Si vous la voyiez comme moi je la vois, vous la trouveriez très belle. »

Ce jour-là, nous avons reçu une jolie leçon. Notre silence en disait long. Et c'est vrai que sa future femme avait un cœur drôlement beau.

Si vous vous sentez différent des autres, n'oubliez pas qu'il y aura toujours quelqu'un pour aimer votre différence. Le premier à vous aimer dans cette différence c'est le Big Boss à l'origine du big bang.

Plus riches que les riches

Les jeunes qui viennent chez nous ont tous des cursus de vie différents : dealers, alcooliques, dégoûtés de l'école ou déprimés. La souffrance n'a pas de milieu. L'une des thérapies est le travail. Mais lorsqu'il n'y en a pas chez moi, ou que l'argent pour financer une occupation manque, nous proposons notre aide à des amis : « Tu coules du béton ? Quand tu en seras au plancher, on peut venir t'aider ? Ça ne te coûtera rien du tout. » J'explique alors ma démarche et je leur propose d'inviter les jeunes à leur table familiale un samedi ou un dimanche pour les remercier. Ils disent toujours oui. Mais quand arrive le moment des remerciements, souvent, à cause des tatouages, des piercings, de la coupe Iroquois, et de tout le reste, les gens prennent peur. Ils ont été très gentils, pleins d'attentions pour ces jeunes pendant qu'ils travaillaient, mais leur différence leur donne maintenant la trouille. Alors ils offrent un sweat-shirt, un polo, un vêtement de marque bien plus cher qu'un repas. Mais ce qui aurait le plus touché le jeune, ç'aurait été d'être accueilli dans la famille. Partager un repas aurait signifié qu'il était reconnu dans sa différence.

C'est pourquoi je dis souvent aux jeunes :

« Vous n'avez aucune raison de vous plaindre, au contraire. Vous avez participé bénévolement à l'amélioration d'une maison. Mais votre différence leur fait peur au point qu'ils ne peuvent vous rendre la pareille en vous invitant chez eux. Vous êtes des princes ! Vous êtes plus riches que les riches ! car vous avez été capables de leur donner ce qu'ils ne peuvent vous offrir ! »

Leurs yeux brillent alors de fierté. Un dealer qui avait l'argent facile m'a même dit un jour : « Quand est-ce qu'on recommence ? » Et ce n'était pas du pipeau, car depuis que ce dealer n'a plus l'argent facile, il est devenu un homme libre.

Accompagner la différence, c'est aimer l'autre, s'intéresser à sa façon de vivre, de penser ; c'est donner dès le plus jeune âge l'habitude de l'accueil, du dialogue et la possibilité de s'estimer.

Quand je vois mes amis et frères marocains, algériens, kabyles, ougandais, camerounais, haïtiens et bien d'autres, je suis souvent ému aux larmes par leur gentillesse, leur accueil. L'étranger m'a toujours indiqué la route de grand cœur.

Oser espérer contre toute espérance

Je suis frappé par le nombre de suicides de jeunes, surtout dans les écoles. Parfois, ils laissent une trace derrière eux avant de partir. Le jeune a pu demander à voir l'assistante sociale, l'infirmière. Il voulait lui crier sa souffrance. Cette personne n'a pu venir parce qu'elle était prise. Le dernier espoir, la dernière branche à laquelle s'accrocher a fait défaut, et le jeune a fait le grand saut.

Ainsi, dans une école réputée de Paris, une fille s'est levée en plein cours. On pouvait imaginer qu'elle allait aux toilettes. En fait, elle est montée sur la terrasse et s'est jetée dans le vide. Beaucoup l'ont vue tomber. Il se trouve qu'à la récréation précédant ce cours, elle avait demandé à aller à l'infirmerie. Elle voulait rencontrer l'infirmière, celle avec qui elle parlait habituellement dans ses moments durs, qui, ce jour-là, était absente. N'ayant pu vider son sac, elle a craqué…

Peut-on se suicider dans un total désespoir ? Je ne le pense pas. Derrière l'acte désespéré qu'est le suicide peut se cacher un espoir, et parfois un espoir teinté de reproche. Ainsi de ce fils qui chercha, par ce moyen, à être reconnu par son père. Il s'est jeté du plus haut pont de sa ville avec une cagoule sur la tête pour qu'on ne le reconnaisse pas. Mais il avait laissé une lettre adressée à son père. Il s'était dit : « Au moins, comme ça, mon père enlèvera la cagoule et il me verra, il me regardera. » Le choc fut rude, pour le père, pour tout le monde. Quel cri, quel appel au secours ! L'espoir qui habitait ce fils consistait en ce que son père le regarde. Le reproche, en ce qu'il fallait lui faire sentir qu'il ne l'avait jamais regardé. « Tu seras bien obligé d'enlever la cagoule, et tu m'auras regardé au moins *une* fois. »

Un rien peut rendre espoir. Une jeune fille m'a appelé en pleine nuit. Il m'arrive d'être appelé ainsi, aux heures où le suicide rôde dans le noir. Cette fille, je l'ai eue au téléphone pendant une heure et demie. Je n'ai fait que l'écouter. Et elle me répétait, d'une voix inquiète, tous les quarts d'heure : « Vous êtes là ? »

Et je répondais : « Oui, oui, je suis là, je t'écoute. »

Et je reprenais ce qu'elle venait de dire pour bien montrer que mon écoute n'était pas du pipeau, qu'elle ne parlait pas dans le vide : elle se tenait déjà si près du gouffre... Au bout d'une heure et demie, alors qu'elle n'avait pas émis le désir de venir chez moi, je lui ai demandé tout de go :

« À quelle heure arrive ton train ? »

Plusieurs mois plus tard, j'ai vu cette fille pour la première fois. Elle avait demandé à venir à la maison dans un autre appel au secours. À son arrivée, elle me dit :

« Vous m'avez sauvé la vie ! »

Je l'ai regardée, interloqué.

« Mais je ne t'ai jamais vue. Je ne te connais pas ! »

Et elle m'a rappelé l'histoire du téléphone.

« Mais si, vous m'aviez écouté pendant une heure et demie... Lorsque vous m'avez dit : "À quelle heure arrive ton train ?" – alors que je n'avais pas demandé à venir chez vous –, je me suis soudain sentie attendue quelque part. Cela m'a enlevé l'idée que j'avais eue : que vous seriez la dernière personne sur terre que j'appellerais. J'avais vraiment décidé de faire le grand saut après ce coup de fil. Ce que vous m'avez dit m'a arrêtée dans ma détermination. »

Un rien avait suffi à éviter l'irrémédiable, une écoute lui avait redonné espoir. Par chance, cette nuit-là, j'avais été en mesure de l'écouter. Mais n'importe qui d'autre aurait pu être l'oreille attentive qu'elle attendait.

Cette oreille, elle ne l'avait pas trouvée dans sa famille. Elle avait été violée. Elle l'avait dit à ses parents mais ils ne voulaient pas la croire – ou étaient indifférents – parce que la souffrance était trop dure à entendre. Du coup, elle est tombée dans l'alcool, dans la prostitution, dans la drogue. Sa vie est devenue insupportable, tout avenir inenvisageable.

En fin de compte, ce qui l'avait poussée vers le suicide, bien plus que le viol, ce fut le manque de considération de sa famille au niveau de son histoire. Ils agissaient comme si rien ne s'était passé ou comme s'il fallait oublier. Mais on ne peut oublier ces choses-là. Si son histoire avait été reconnue par les gens les plus proches de son cœur, elle aurait pu se reconstruire plus rapidement au lieu de laisser impunément le viol faire son long travail de sape.

Plus que l'espoir, c'est l'espérance qui est le moteur de ma vie. L'espoir est transitoire. Lorsque la vie s'enlise comme dans des sables mouvants ou dans des marécages, l'espoir s'évanouit. L'espérance, en revanche, est plus profonde, plus ancrée. Avoir de l'espérance permet de ne pas s'effondrer sur le bord du chemin de la vie quand tout s'écroule autour de soi, d'arriver là où l'on veut aller. L'espérance est la branche solide à laquelle on s'accroche quand toutes les autres cassent. Cette branche peut très bien n'être que peu de chose. Mais c'est un « peu de chose » dans quoi on met beaucoup et de quoi on reçoit de même.

L'espérance est un cadeau, un cadeau magnifique sur lequel je n'ai jamais craché. Durant les années que j'ai passées à l'hôpital quand j'étais petit, je n'avais pas de visite, pas de cadeau. J'avais volé un morceau de papier cadeau à un enfant aimé et gâté. Sur ce papier était dessiné un petit train avec trois wagons remplis de jouets. Sur le dernier wagon, un petit ours, avec un bob sur la tête et une écharpe autour du cou, faisait signe avec sa patte. J'aimais beaucoup le petit ours. Il me regardait. J'aimais pouvoir converser avec lui. Mais le seul moment où nous pouvions nous voir sans être vus était la nuit; le seul lieu, les toilettes. Chaque nuit donc, je prenais mon bout de papier cadeau et partais au rendez-vous avec mon petit ours. Pas facile quand on est censé ne pas pouvoir marcher! Je me détachais de mon lit, tombais sur le sol. Puis je rampais comme une limace. Arrivé dans le couloir, je tendais les bras vers la rampe en inox, m'y agrippais, me soulevais... et me cassais la figure avec des envies de pleurer. Enfin, j'arrivais aux toilettes. Je regardais le petit ours du dernier wagonnet avec joie. J'avais l'impression qu'il me disait bonjour joliment. Nous échangions nos peines et nos joies. Avant l'aube, il me fallait revenir à mon lit. Même galère pour le retour, mais avec déjà dans ma tête la certitude de revoir mon petit ours la nuit suivante, fidèle au rendez-vous.

Ainsi, chaque nuit, mon désespoir de ne pas arriver à marcher et de me casser la figure était confronté à l'espérance d'y arriver grâce au morceau de papier cadeau. L'espérance d'être sûr d'aller voir mon trésor dans les toilettes m'a aidé à persister dans mes efforts. Et un jour, je suis arrivé à marcher à nouveau.

Dans ce papier cadeau de mon enfance sans cadeaux, un présent était caché: celui de l'espérance. Mon espérance est partie de rien, mais cette branche ténue était solide. Je m'y suis accroché et j'ai marché. À bien d'autres moments de la vie, l'espérance m'a permis de surmonter ma vie.

Table

6721

Composition Chesteroc International Graphics
Achevé d'imprimer en France (La Flèche)
par Brodard et Taupin
le 27 juillet 2003. 19615
Dépôt légal juillet 2003. ISBN 2-290-32424-8

Éditions J'ai lu
84, rue de Grenelle, 75007 Paris
Diffusion France et étranger : Flammarion